和するこころ

まえがき

人にとって言葉は、自分の思いを伝えるための一番の道具である。だから言葉が使えない者が、そのためにどれほど苦心させられてきたか、この道具を自由に使える者には計り知ることもできない。言葉だけではない。世界には、目が使えない者、耳が使えない者、手足が使えない者など、何らかの障害を持った者がたくさんいる。しかし現代は、そんな障害者に対する福祉活動も大いに為されるようになった。全国に障害者に対応するための施設も備わって、人々の意識も変わってきている。

茨城県の某スーパーマーケットに、身体が不自由で車椅子に乗った若者が買い物にくる。彼がいつも当惑させられるのは、買った物をレジで清算するときである。手が思うように動かせないので、言われた金額を財布から出すとき、たいへんに時間がかかる。払い終わるころには、後ろに清算を待つ人の長い列ができてしまう。そのことが心苦しくて、なかなか買い物に出かけられない。ところがその店のレジにゆくと、一人の若い女性店員が、「お借りしてもよろしいですか」と言って、彼の財布を預かり、そのなかから必要な金額を出して彼に見せ、「これでよろしいですね」と言って、財布を返してくれる。お客を待たせないで清算を終わらせることができるので、彼は買い物はいつもこの店に行く。同じ障害者仲間にこの話をしたところ、みんなも同じ心苦しい思いをしていたので、以後買い物するときはみな、その店に行くようになった。清算するときも彼女のレジの前に並ぶ。

彼女がにこやかに対応してくれることも嬉しくて、あるとき仲間たちで「何かお礼をしようよ」という話になった。みんなでお金を集め、「私たちの感謝の気持ちです」と言って渡そうとしたのである。すると彼女は「お仕事として当然のことをしたまでです」と言って、受け取ろうとしない。彼らは困って、スーパーの社長あてに手紙を出した。「こういうわけですから、どうか社長さん、彼女を褒めてやってください」と。

スーパーの社員からこんな善い話を聞かされると、現代は人々の心も障害者に対して思いやり深くなったようにみえる。

私はしかし、その半面で、一般の健常者の心はどうなのだろうかと思ってしまう。日々のニュースは、健常者の思いやりのなさからくる悲惨な事件でいっぱいである。知床の観光船の事故は、会社社長の儲け心が多くの人の命を奪うことになった。この社長の悪しき欲心が連日のよう報道され、叩かれていたが、全国には同じような杜撰《ずさん》な経営をしている者もある。内心でギクリとした社長も多かったのではないかと思う。

障害者は身体の不自由を乗り超えるために、日々必死の工夫を為している。健常者は一見何の不自由もない身体に甘えて、生きる工夫を安易にしている者がある。そのために、障害者よりも不自由な心で迷っている者をたくさん見るのである。

盲目の国文学者、塙保己一《はなわほきいち》（第五章参照）は、それは人々に学問が足りないからだと思った。学問とは勉強して知識を増やすことではない。心をいかに真実に為してゆくか、そのことを究明してゆく道である。しかし、現代のわれわれは学校で、心を真実に為す方法はほとんど学んでこなかった。だから、日々に用いる言葉も、どう使えば真実になるのかをほとんど曖昧にしたまま、生きてきた人は多い。

実は古来、日本人の学問は、だれにも「和するこころ」が具わっていることを明らめてきたものである。この「こころ」を悟ることで、生きる意味が真実になってゆくことに気づかされてきたものである。それが、自ずから思いやりの心として発露されていった。日本人の思いやりの心が、この頃世界の人々に関心を持たれるのも、このことばの中に誰にも具わった無私のこころが予感させられるからだと思う。われわれの「和するこころ」は、元々「宇宙の太虚《たいきょ》を包んで、元気を孕《はら》んでいる」（栄西禅師の言葉より）大きなこころだからである。

第一章
和を以て貴しと為す

第二章
達れる者は少なし

第三章

不生でととのう

第四章

「真空」作用に由って在る

第五章

物にゆく道こそありけれ

和するこころ

表紙画　早坂宏香
題字・挿画　形山睡峰

第一章
和を以て貴しと為す

和を貴んできた民族

「和を以て貴しと為す」という言葉を、聖徳太子が「十七条憲法」の巻頭におかれたことは、日本人なら大半の人が知っている。学校で歴史の時間に学んだ人も多い。私も初めて知ったのは、教科書の中だった。学校だけではなかろうが、日本人で「和し合ってゆくことこそ一番大事なこころ」と思っている人は多い。何か社会の中で問題が生じると、われわれはまず、お互いに話し合いのなかで和しあってゆく道を求めてきた。話し合いもしないで、力だけで解決するようなことは、愚か者のすることと思ってきたのである。

家庭内の問題でも、個人的な人間関係でも、国家の多くの難題や、諸外国との交渉事でも、みんなで話し合いながら和し合ってゆくことが、一番正しい解決法と信じてきた。互いに争ったり戦ったりして勝敗を決するようなことは、人としてもっとも悪しき行為と見做されてきた。どんなに困難な問題があっても、充分な話し合いのなかで、だれもが心から納得するような解決法を見いだしてゆく。そういう者こそ、英知の人と信じられてきたのである。

だからわれわれは、そんな英知の人を、いつも求めてきたように思う。そして、たいていの場合は失望してきたのである。国家の内外の諸問題に、政治家たちが国民の期待に充分に応えてこなかったように思い、彼らが充分な話し合いをなすより、自己の利権や党利党略の方を優先しているように感じてきた。テレビや新聞など、メディアの日々の報道を観ても、自国の政治を褒めるようなことはほとんどしない。国家の政治を批判することこそ、報道者の良心のように見せているのである。だから国民も彼らにならって、政治家の言動を上手に批判できることが、知性ある正義漢の証《あかし》のように思っている。

ちょっと夕方、街角の飲み屋をのぞいてみればよい。日本中のどこにあっても多くの庶民が、政治家の批判を肴に飲んでいる姿を見る。


かつて私の禅道場には、韓国の大学教授が宿泊修行をしていたことがある。彼は自国の飲み屋で同僚と、大統領の政治批判をしていて密告され、北のスパイのように疑われて投獄された。すさまじい拷問を受けた後、釈放されると、家族と共に日本に逃げてきた。彼の左頬は深くそぎ落とされたままで、顔の右半分は、額の先から顎まで切り裂かれた跡が青黒く残り、険悪《けんお》な人相だった。片脚は引きずっていて、杖がなくては歩けない。

彼と二人でよく原付バイクを駆って、つくば市まで競争した。私が追い越すと、「坊さんなのに、まだ競争心が残っている」と批判された。大統領が代わって、韓国に帰ることができたが、今でも「どうしているだろうか」と想い出す。

現代の日本では、飲み屋で総理大臣の批判をして投獄された話は、聞かない。だからみな酔うと、揃って正義の愛国者になり、大いに大臣の悪口を肴に盛り上がっている。

そんな日本だから、話し合いはよくなされるのだが、全員一致して和することは、やはり難しい。長時間話し合って結論が出そうになると、急に反対者が出たりして、話し合いが終わらないことも多い。そんなときは、内心は和することが嫌いなのだろうかと思うが、そうでもない。暗黙のうちに始めから落としどころが分かっていて、だれもが好き勝手に意見を言い合っているうちに、答えが出る。みんなで話し合ったという事実が、大事なのである。

これも聖徳太子の「十七条憲法」のお陰かも知れない。


「和」という漢字は、白川静著『字統』によれば、「禾《か》」と「口」に従って作られた字だという。「禾」は、古代シナの時代（三千年以上前）に軍門（軍隊の駐屯地の門）の左右に立てられた標識で、軍を象徴するものであった。「口」は祈りの言葉を記したものを収める器である。

この「和」の字の意味は、軍門の前で互いに和議を結んで、戦いの中止を誓い合う儀式のことである。そこからだんだん和平の意となり、音楽が調和する意や、料理の様々な味が調和する意にもなっていった。やがて「和」は、最高の徳を行う意味になってゆく。『中庸《ちゅうよう》』（儒教の聖典の一つで、紀元前後の頃にまとめられたもの）に、「発して節《せつ》に中《あた》る。これを和という。和なるものは天下の達道《たつどう》なり」（様々に心が動いても、中道から外れないで物に対応してゆくとき、それを和するという。和することこそは、天下にあまねく通じることのできる達人の道である）とある。

いつの時代にあっても、争いのない世の中になることが人類の願いだった。古代の賢人も、「和」することは天下に通用すべき普遍の道として説いてきたのである。

さて我が国では、シナ大陸から「和」の字が入ってくると、それを従来使われてきた「にき」の語の意味として当てた。「にき」はおだやかな状態を示す意味の語である。「あら（荒々しいこと）」の反対語である。「和魂」のことは「にぎみたま」という。柔らかい草のことは「にこぐさ」といい、穏やかで柔和な様子を「にこやか」という。みな「にき」から転じた語である。また海の波が静まることを「なぐ」といい、これも「和〈な〉ぐ」とか「凪ぐ」と記すようになる。「なぐさむ」「なごむ」「なごやか」は、「なぐ」から変じて使われるようになった語である。（白川静『字訓』より）

つまり、始めからあった大和言葉の「にき」「なぐ」などの意味に、後から入ってきた漢字の「和」の字の意味が加り、互いに和し合ってできた語が、今の日本人が使っている「和」の始まりである。

仏教伝来

聖徳太子（五七四～六二二）は、「和を以て貴しと為す」の語に続いて、さらに「忤《さから》うことなきを宗《むね》とせよ」と言われた。

（他人の説に一々逆らっては、自分の方が正しい、相手の方は悪いと言い合って争っている。そのように争わないで、つねにお互いが和しあって解決してゆく道を貴んでゆこう。そうすることが、和を以て貴ぶということの主旨なのだと）

もっとも太子の場合は、飛鳥時代の朝廷内での激しい権力闘争のなかにあって言われたもので、それだけに「和するこころ」に対しては、命がけの思いがあった。

古代、欽明《きんめい》天皇の十三年（五五二）に仏教が伝来され、百済《くだら》の聖明王《せいめいおう》から仏像と経典が献上された。従来、大陸との交通が多かった北九州地域や、帰化人によって仏教は広まりつつあったが、日本に正式に伝来したのは、この年である。

このとき、欽明天皇に仏像を祀《まつ》ることを強く勧めたのは、武内宿禰《たけのうちのすくね》の子孫にあたる、蘇我稲目《そがのいなめ》だった。武内宿禰は朝鮮半島と深い関係があったからである。これに反対した者が、神武天皇以来の氏族を誇る、大伴《おおとも》・物部《もののべ》・中臣《なかとみ》氏らだった。「外国の神を祀《まつ》れば、国つ神の怒りを招くことになる」と猛反対したのである。

そこで欽明天皇は蘇我稲目に仏像を下げ渡し、稲目は自分の屋敷内に寺を建立した。稲目は日々に仏像を拝していたが、その年、疫病《えきびょう》が大流行して、多くの死者が出た。すると、これは稲目が外国の神を拝んだ所為《せい》だといって、物部・中臣の両氏が蘇我邸内に押し入って、仏像を奪い、寺を焼き払った。

疫病というのは、ウイルス菌による悪疫《あくえき》のことである。古来、朝鮮半島を経由してシナ大陸（現代の中国）からも、人や文物《ぶんぶつ》が渡来していた。その事に関わっていた中心人物が蘇我氏だったから、悪疫は蘇我氏の関わるシナ大陸や朝鮮半島からの人々によってもたらされたものと見做された。今日のコロナ菌被害と同じようなことが、千五百年前の日本にも起こって、大問題になっていたのである。

欽明天皇と皇后のあいだに生まれた、第三十代敏《びん》建《たつ》天皇は、仏教を信じなかった。ところが欽明天皇には他に堅塩媛《きたしひめ》と、その実妹である小姉君《おあねのきみ》という二人の妃《きさき》があった。姉妹は蘇我稲目の娘だったから、当然に仏教信者となっていた。そこで堅塩媛の産んだ長男が第三十一代用明《ようめい》天皇になると、母方蘇我氏の影響を受けて、日本で初めて仏教を信じる天皇になった。

妹の小姉君が産んだ皇子《みこ》は、第三十二代崇峻《すしゅん》天皇となる。同じ小姉君が産んだ皇女《ひめみこ》は、穴穂部間人皇女《あなほべのはしひとのひめみこ》と呼ばれて、この方は姉の堅塩媛が産んだ用明天皇と結婚して、厩戸皇子《うまやどのおうじ》（聖徳太子）を産む。ここら辺の親子関係は現代人には実にややこしい。要は姉が産んだ用明天皇に、妹の産んだ皇女が嫁いだ。その子供が聖徳太子なのである。

『日本書紀』には、用明天皇が「仏の法を信じられ、神の道を尊ばれた」とある。仏教を信じながら、神々も尊ばれたというのである。日本古来の神々を祀《まつ》る祭主である天皇が、自国の宗教よりも、外国渡りの宗教を祀るようになったことは、日本の歴史上、大変な事件だったと思う。しかしこの事件が歴史上の重大事件として記されることはなかった。外国文明が強大な力で押し寄せてきたとき、日本はいつの時代にも、抗しようがない状況に晒《さら》されたからである。

明治維新のときも、欧米の強大な軍事力と発達した物資文明に迫られて、われわれは逃れようがなかった。それで、古来の伝統文化を捨てても、日本中を西洋化することに邁進《まいしん》したのである。このときは、明治天皇が真っ先に洋服を着て見せられたり、貴族や政治家たちが鹿鳴館《ろくめいかん》で西洋風のダンス会を催したりした。従来、武士の魂といって尊んでいた日本刀を捨て、大臣らが西洋のサーベルを腰にぶら下げたので、西郷隆盛が嘆いた話が残っている。

われわれにはどうも、大国の強大な文明力に触れると、急に宗旨替えをして、従来の伝統文化をサッサと捨てて平気なところがある。飛鳥時代にも天皇が率先して仏教を取り入れてしまった。以後、神と仏が共存共栄してゆく道が日本の伝統になってゆく。

ただ、日本以外の国では、民族固有の宗教があるところに異国の宗教が入ってくると、必ず争いが起こり、すさまじい殺戮が繰り返されてきた。今日、アラブ、パレスティナ地方の戦争が止まないのも、始まりは何世紀も以前に、異国の宗教が入ってきたことが原因である。

今の日本人はすっかり忘れているが、明治になるまでは天皇が崩御されると、神式ではなく、仏式で葬式がなされていた。京都の比叡山は、仏教の天台宗の大本山だが、平安時代には天皇が一番の大檀那《おおだんな》（仏教の大信徒《だいしんと》）だった。室町時代になると禅宗に帰依《きえ》する天皇も出た。このように、元々神道の祭主である天皇が、外国渡来の仏教を深く信仰されたお陰で、他国のような宗教戦争を起こさないできた日本である。それでも、入ってきた当初は、蘇我氏と物部氏との凄惨《せいさん》な争いがあった。

篤く三宝を敬え

蘇我稲目の娘が用明天皇の妃になったことで、蘇我氏は外戚《がいせき》として皇室への影響力を強めていったが、用明天皇が亡くなると、稲目の息子である蘇我馬子《うまこ》は、厩戸皇子（聖徳太子）や泊瀬部皇子《はつせべのみこ》と力を合わせて―みな伯父、甥っ子の関係である―、反仏教派の物部氏を滅ぼした。五八七年のことで、この争いの裏には、皇位継承問題がからんでいたのである。

このときの聖徳太子は、まだ若くて十三歳である。争いの後、馬子に擁立されて、泊瀬部皇子が崇峻《すしゅん》天皇として即位する。馬子の専横はいよいよ眼に余る状態になり、崇峻天皇の心が蘇我氏から離れだすと、蘇我氏は天皇を暗殺してしまった。伯父甥の関係といっても、非情なものだった。

五九二年に崇峻天皇が暗殺された後は、推古《すいこ》天皇が女帝として皇位につき、聖徳太子が選ばれて摂政《せっしょう》となった。推古天皇は、用明天皇と同じ欽明天皇と堅塩媛（稲目の娘）のあいだに生まれた子で、馬子は伯父さんになる。蘇我氏の傀儡《かいらい》として、女帝が立てられたのだろうと思う。しかし物部氏に勝ち、外戚《がいせき》としての地位も確立して、政権が蘇我氏一極の支配になると、仏教は大いに興隆することになった。日本で初めての大伽藍《だいがらん》を備えた寺院が建てられたのも、この時代である。

聖徳太子も二十二歳のとき、推古天皇三年（五九五）に、高句麗《こうくり》から渡来した僧の慧慈《えじ》に師事して、大いに仏教の真意を悟ることがあった。同じ六年（五九八）には、推古天皇のもとめに応じて『勝鬘経《しょうまんぎょう》』を講じた。今日、その注釈書が『勝鬘経義疏《ぎしょ》』として遺されているが、深い悟りの体験がなくてはとても説き得ない優れた内容のものである。また『維摩経義疏《ゆいまきょうぎしょ》』と『法華経義疏《ほけきょうぎしょ》』も遺されていて、この二書も大変に優れた見解で注釈されている。この三書を合わせて、従来『三経義疏《さんきょうぎしょ》』と呼ばれてきた。

太子は従来あった氏族《うじぞく》中心の社会制度を根底から改革して、統一国家としての日本を建設しようと図《はか》った。そのためには拠るべき政治理念がいる。太子はそれを仏教に求めたのである。太子が会得した仏教の理念をもって国を治めてゆけば、眼前に生じている部族間の対立を和することができると信じたからである。

当時、仏教は日本に渡来してまだ数十年たったばかりの、新興の教えだった。シナ大陸と縁のある一部の人々によって支持されているだけのものだったが、その内容は、深い哲学的知性によって説かれたもので、学問や芸術や技術に通用する総合的な教えと思われた。

新たな統一国家を建設しようとするとき、太子は何よりも学問と芸術を振興して、人々の心の教養を高めることこそ一番の大事と思った。どんなに政治形態を新たに整えても、それを運用する者の心情が未熟では、充分にこなしきれないうちに腐敗してゆく。何よりも先に智慧深き教養人を養成してゆくなら、自ずから制度の不備も正されてゆくだろう。太子が仏教を盛んに奨励したのは、そんな思いからだった。


「十七条憲法」の第二条に曰く。

「篤《あつ》く三宝《さんぽう》を敬え。三宝とは仏と法と僧なり。すなわち四生《ししょう》の終期《しゅうき》、万国の極宗《ごくしゅう》なり。いずれの世、いずれの人か、この法を貴ばざる。人、はなはだ悪しきものは鮮《すくな》し。よく教うればこれに従う。それ三宝に帰せざれば、何をもってか枉《ま》がれるを直くせんや」

〔真心をもって三宝を敬うことだ。三宝とは仏と法と僧である。これは四生（すべての生物）の最後の拠り所であり、世界の国々にとって究極的な真理となるものである。だから、いつの時代、いつの人にあっても、この法（真実の教え）を貴ばないことがあろうか。人は心底から悪人というような者は稀である。よく心を尽くして教えれば、ついには従う者である。それ故に、三宝をもって心の拠り所にしないでは、どうして曲がった心を真っ直ぐに正せようか〕

争い心を離れて、互いの真心で和し合ってゆく世の中にするためには、心の拠り所を確かにする理念が必要である。これがなければ、心はついに虚無に陥《おちい》って、生き甲斐を見失ってしまう。太子はその確かな理念が仏教にあると見た。そこでまずは、仏法僧に深く帰依してゆく心を学ばねばならぬと言ったのである。

しかし三宝が仏法僧だといい、それを敬えといわれても、現代の人々は煩悶するだろう。たとえ仏法は敬えても、僧は敬えないと思う人は多いからだ。私も、僧に葬式代や戒名料を百万円以上も取られたという話を、よく聞かされてきた。だが現代人は庶民も僧も、「三宝を敬え」という言葉の意味を勘違いしているのだ。本来僧とは僧伽《そうぎゃ》のことで、世の迷い苦しむ人々を救わずにはおかぬとの衆生済度《しゅじょうさいど》の誓願《せいがん》を立てて、出家して（家を出て）僧となり、ひたすら修行に邁進している者たちのことを言う。我が身の安心などは考えたこともない。ただ身命を尽くして、一切衆生を済度せんとの誓願のためだけに身心を責めて修行している者のことである。また、このような者のことを「菩薩」と呼んできた。たとえ自らはいまだ救われなくとも、何よりも先に、他の苦しみを救ってやりたいと切に願っている。そんな志高き菩薩たちの集団が「僧伽」である。つまり仏法（真実の教え）を悟ろうと願わず、衆生済度しようと誓わぬような者、姿形だけが僧であるような者は、本来の僧ではないのである。

だからもし真実「仏法僧」の道に勤めている者なら、このような者こそ、世の迷える人々の灯りとなる者である。それ故に太子は、「篤く三宝を敬え」と宣言されたのである。

衆生の心と我が心

太子自らも仏教経典を講義されたが、また各地に寺院を建立し、仏像を造らせ、仏教美術や建築技術の発展に勤めた。法隆寺・四天王寺・中宮尼寺《ちゅうぐうにじ》・橘尼寺《たちばなにじ》・蜂丘寺《はちおかでら》・池後寺《いけじりでら》・葛城尼寺《かつらぎにじ》を建てたといわれる。今日でこそ、寺といえば僧侶が住んで、葬式や法要・祈祷などの儀式をする場所、あるいは仏力に頼って現世利益《げんせいりやく》を祈る場所のように思われている。だが当時の寺は一大学問所で、今日の大学のように最新の知識を総合的に学ぶ場所でもあった。

太子の政治的な働きでは「冠位十二階」を定めたことが知られる。従来、家柄によって固定していた身分制度を改め、個人の功績によって位を定めることにしたのである。そして、そうやって定めた官吏《かんり》（政治を補助する役人たち）の守るべき基本の心構えとして、「十七条憲法」が制定された。

外交的には、小野妹子《おののいもこ》をシナに派遣して、随と対等の国交を開始したことが知られる。従来は朝鮮半島の人々を介してシナに朝貢《ちょうこう》（シナの皇帝に貢ぎ物を差し出して、臣従《しんじゅう》している心を現すもの）する形で行われていた。

また多くの留学生や学問僧をシナの地に送って、積極的に先進の文明を取り入れようとしたので、海外の文化が大量に日本に入ってきた。ちょうど明治維新に、欧米の文化を率先して取り入れようとしたときと、同じ状況だった。

聖徳太子は、推古天皇三十年（六二二）に、病に倒れて亡くなる。以後、蘇我氏はいよいよ横暴になり、太子の長子である山背大兄王《やましろのおおえのおう》も、皇位をめぐる争いのなかで、一族もろとも入鹿《いるか》に討たれてしまう。太子の血を引く上宮王家《じょうぐうおうけ》は滅亡してしまったのである。

やがて入鹿自身が皇位をねらうようになると、それを憎んだ人々がクーデターを計画した。かつて仏教受け入れの問題で蘇我氏と争った中臣家《なかとみ》の鎌足《かまたり》と、中大兄皇子《なかのおおえのおうじ》（後の天智天皇）が中心となり、謀《はかりごと》を為して入鹿を殺すと、父である蘇我蝦夷《そがのえみし》は、自宅に火を放って自害した。これによって、「大化の改新」が始まったのである。

このように、この時代の政治には、いつ殺し合いになってもおかしくない危険な要素がつねにあった。太子もそのことを案じて、何とか争いのない社会を為そうと尽力された。「十七条憲法」の第一条に「和するこころ」を打ち出したのも、その故であり、以後の十六条は、その具体的な方法を述べたものである。

儒教の聖典の言葉を借りながらも、その意味の捉え方が仏教精神によって解釈されたのは、「和するこころ」の実際は、仏心の悟りを得ることで真実になってゆくと確信されたからである。儒教は孔子の説いた仁の心（深い思いやりの心）を、個人が真摯《しんし》に学問修養することで身に体してゆき、その心をもって社会制度や人々の心情を正してゆこうとする教えである。仏教は一切衆生《いっさいしゅじょう》（生きとし生けるものすべて）に、みな初めから仏性（仏の性質）が具わっていることを悟ってゆく教えである。心がさまざまな欲念によって動く、その動きの根拠を尋ねてゆくと、だれでも、心の大本に清浄で澄みきった心（仏心）が貫いていることを悟る。それで、人がこの事実を悟りさえすれば、もう争う必要がなくなることが確信された。なぜなら、一切衆生の清浄心はそのまま我が心であり、我が心の清浄心はすなわち一切衆生の心と同じだったと気づかされるからである。

「和するこころ」と聞けば、あらゆる人々の心が一つにまとまって、どんな人の心とも異なることがない。そして、だれもが同じ思いになって笑い合っているような心を想像するかも知れない。しかし、そうではない。みんなが異なる思いや考えで行為していながら、そのことでだれの心も損なうことがない。かえって個々の心が自由に主体性を発揮させられている。「和するこころ」とは、そんな寛大な心である。お互いに何の争いごともなく和し合っているのは、個々の異なる心を互いに認め合ってゆく大きさを持っているからである。

私は二十代のころ、ある禅僧から精進料理を教わった。その禅僧の教えで今も忘れられないのは、「出した料理を食べ終わったとき、お客さんの心の中ですべての料理が調和して、美味しかったと感じられるように作ることが大事だ」と言われたことである。どの料理もみな異なる味を持ちながら、それぞれが他の味を損なわないように配分する必要があるという。もしそれぞれが個性を主張するばかりで、他の味と和することがないなら、食後に不快感が残る。どれも異なった味なのに、食べ終わって「どれも美味しかった」との満足が残るのは、そこに異なった味同士が、よく他の味と調和するように工夫されていたからだと。「和するこころ」も、このような心の状態をいう。互いに異なっていながら、少しも和を乱すことがない心である。

第一条の終わりに、「上は和《やわ》らぎ、下は睦《むつ》みて、諧《かな》いて物を論ずるに於いては、すなわち事と理と自ずから通じて、何事か成らざらん」とあるのは、この「こころ」のことを述べた。

「人の上に立って政治をなす者が、「和するこころ」をもって庶民に向かい、庶民は信頼の心をもって上の者に対してゆく。そのように上下が互いの立場をよく理解し合いながら論じ合ってゆくなら、すなわち現実の事項と真実の道理とが自ずから通じて、どんな事でも成就せぬということがありましょうかと」

神ながらの道

「十七条憲法」の第三条は、上下互いの思いが諧《ととの》って論じてゆくありようを、天地の道理で説いている。

「君（上に立って国を統治する者。この当時は天皇）は則《すなわ》ち之《こ》れを天とし、臣（君の下にあって補佐する官人）は則ち之れを地とする。天は覆《おお》い、地は載せる。四時《しいじ》順《したが》い行われて、万気の通うことを得る。地の天を覆わんと欲すれば、則ち壊《くず》れに致るのみ」

〔天は地の上を覆《おお》いて在り、地は天を載せて在る。そう在ることで春夏秋冬は互いに順《したが》い合ってめぐり、天地の気がすべての時節に及んでゆく。そのように君は天のように、臣は地のように互いに順い合ってゆくなら、万事に通じてゆくことができる。だが、地が天に代わって下を覆うようなことを欲すれば、君と臣の間も、ただ崩壊してゆくばかりだ〕

聖徳太子が摂政だった時代は、蘇我氏の欲していたことは、まさに地が天を覆うような力を得ることだった。

現代の日本は、世界を巻き込んだ大戦争に敗れてから、七十年余になる。敗戦当時はアメリカの占領国になっていて、それは七年近くに及んだ。アメリカは日本を、二度と白人国家に戦争を仕掛けるような国にならぬことを画し、永久に貧しき農業国のままで終わるようにしようと謀《はか》った。日本の伝統文化を破壊し、戦前に国家のために尽くしてきた政治家や教育者、知識人は、みな追放した。

以前、鹿児島の老婦人に聞いたことがある。鹿児島の男で優れた勇士は、大半が西南戦争で西郷さんと共に死んでしまった。生き残った勇士も日清日露の戦争で亡くなり、わずかに残った者が、こんどの大戦でみな死んだ。もうほんものの薩摩勇士は一人も残っておらん、と。ほんとうは、アメリカの占領政策で、大戦後に生き残った日本中の男たちのことを、この老婦人は言いたかったのかも知れない。

私が大学に入った昭和四十年代は、日本中の大学が学生闘争の戦場と化していた。資本主義者は人民の敵とされ、資本主義社会を破壊せよというのが、闘争する学生たちの主題だった。お陰で学校はほとんど休校状態になっていた。教授たちも資本主義に加担する者と見做され、授業はつねに妨害された。会社勤めで細々と生活しながら親は子供たちを育て、その子供たちが、親の勤める会社を社会主義の敵として壊すことに邁進したのである。まさに天を地が覆うような惨状だった。

聖徳太子時代の争いは、朝廷内での権力闘争だったが、敗戦後の日本社会の争いは、政府を中心とした資本主義的制度と、労働者を中心に考える共産主義的制度との、制度闘争だった。

ただ共産主義者が困惑したのは、天皇制を滅ぼせというソ連共産党からの命令であった。ソ連からすると、日本社会は天皇中心の天皇制度によって、庶民の大半が冷遇されてきたものと思われた。だから制度を変えれば、国民も変わると思ったのである。

ところが、古来、天皇を中心とする文化を育んできた日本社会には、天皇制というような制度はなかった。日本の国体として、天皇の大御心《おおみこころ》と庶民の心とが一つになってきたと信じる道しかなかった。人々は暗に天皇のことを、八百万《やおよろず》の神々の代表者と見てきた。神々は姿かたちを現すことができないので、仮に天皇が代表して神々の祀りごとを執り行ってゆく。神々の代表者として天皇の地位が与えられていると思ってきた。ちょうどわれわれの家庭で、先祖の位牌が代々の祖霊の象徴として祀られているようにである。

戦後に天皇が「人間宣言された」といわれたが、実際は占領軍の報道官が天皇の発言を勝手に解釈して、そう報じたものである。天皇自身も後に、自分が神様だとか、神様から人間になったとかの思いはなかったと述懐されている。ただ、神々の代わりに祭りごとを任された祭主と思ってこられたのである。

古来、日本人一般は、天皇の子孫が臣籍に下って、やがてその子孫が増えて庶民になっていった者と考えていた。われわれ庶民の一人一人は、はるか古代の先祖までたどれば、本家は天皇から出た者だという考えである。たとえば「平家物語」の平氏は、桓武天皇やその他の天皇を直系とする家として、源氏は嵯峨天皇を直系とする家として、自分たちの家系を誇ってきた。藤原家や橘家なども、同様である。そのように、日本民族自体がだれも、天皇家の子孫に連なる者と思ってきたから、太子の「天は覆い、地は載せる」のたとえは、日本人の感覚に適《かな》ったものだったのである。

また、主君と臣下との交わりは、昔から「君臣水魚《くんしんすいぎょ》の交わり」といわれてきた。水がなければ魚は生きられぬ。魚がなければ水も魚を生かすものになれない。水は何百万年ものあいだ死んだ魚類が溶け込んだものである。だからこそ、そのなかで魚も生きることができている。水と魚とは互いに不即不離《ふそくふり》の関係で存在してきた。主君と臣下、庶民との交わりも、水と魚のようなものでなくてはならぬといわれてきた。

現在の天皇陛下が下々の庶民に対してどんなお考えでおられるかは、私は知らない。だが昭和天皇の御製《ぎょせい》集をみれば、太子以来の精神が受け継がれてきたことが分かる。

あらたまの年を迎えていやますは民をあわれむ心なりけり（大十三）
天地《あめつち》の神にぞいのる朝なぎの海のごとくに波たたぬ世を（昭八）
うつくしく森をたもちてわざわひの民におよぶをさけよとぞおもふ（昭二二）
さしのぼる朝日の光へだてなく世を照らさむぞ我がねがひなる（昭三五）

と、多くが民の平安を願う歌ばかりである。

この心を、われわれは古来、「神《かん》ながらのこころ」と呼んできた。己の我意を働かせて思慮分別した心ではなく、生きとし生けるものを在らしめて止まない、天地自然の道と我と一つになった無私の心である。この世のいかなる存在も、みな個々の心の上に和せしめて、自ずから不足なく自他を同一させてゆく心である。この心、自分の力で作った心ではないので、神のままのこころ「神ながらのこころ」と呼んできた。

聖徳太子が説いた「和を以て貴しと為す」の心は、昭和天皇にも脈々と受け継がれてきた。そして、天皇の御心にこの心があることを、われわれ日本人も暗に知ってきた。だから庶民も戦前までは、天皇の御心を我が心に通うものと見て、親しみ尊んできたのである。無論、共産主義者になっても、自己の内なる庶民の心までは完全に否定することができない。彼らが未だに公には天皇批判ができないでいるのも、この「神ながらのこころ」が人々の心のうちにあることを、内心では知っているからだと思う。

腹が立たねば堪忍もなし

「十七条憲法」の第十条に曰く。
「忿《いか》り（情の怒り）を絶ち、瞋《いか》り（思いの怒り）を棄て、人と違《たが》うことを怒らざれ。人皆心有りて、各々執すること有り。彼が是なれば、則ち我は非、我が是なれば、則ち彼は非なり」
〔感情の行き違いから生じた忿りを絶ち、考え方の違いから生じた瞋りを棄てて、他人と違うことを怒らないようにせよ。だれにもみな心が有るから、それぞれ心に執着することがある。彼に善いことは我に悪いことだったり、我に善いことが彼に悪いことだったりする〕
「我は必ずしも聖《ひじり》に非ず。彼は必ずしも愚に非ず。共に是れ凡夫のみ。是非の理《ことわり》、誰かよく定むべし。相共に賢愚なること、鐶《かん》（鉄輪の持ち手）の端《はし》無きが如し。是を以て、彼の人瞋ると雖《いえど》も、還って我を失うことを恐れよ。我独り得ると雖も、衆に従って同じく挙げよ」

〔我は必ずしも聖人ではないが、彼もまったくの愚か者というわけではない。よく見れば、お互いが凡夫なだけである。だから善いことや悪いことを、だれが正しく定めることができようか。どちらも共に賢《かしこ》さと愚かさを持っていることは、鉄の輪っかのようなもので、左右どちらの端からたどっても、結局は同じところに突き当たる。

人の心はみなそういうものだから、彼が怒っていても、こちらがそれに怒って対すれば、かえって我を見失うことの方を恐れよ。また我一人が利益を得ることがあっても、みんなに従って同じように受けるようにすることだ〕

「和するこころ」を具体的に行ってゆくには、どうすればよいかが、ここで詳しく説かれている。太子は何よりも、怒らないことが一番だと言った。

相手の考え方が間違っているのに、認めようとしない。自分の間違いを認めないことがどんなに人々を苦しめ、社会を悪くしているか計り知れない。しかし「我は悪くない。相手が悪い」と主張して怒っている人はたくさんいる。自分の考えは正しいのだから、怒るのは当然だと言う。我が怒りは正義の「瞋り」なのだ。この正義の「瞋り」が集団になって、ついには戦争にまで発展することは歴史の一般だが、怒る者はそうは思わない。

感情的な「忿り」になると、もう考え方の違いなどというものではない。ただ自分の感情に反するからというだけで腹が立ち、怒っている。この「忿り」が爆発すると、時には殺人にまで至る。己の悪を隠すために他人を殺すこともあるが、感情的な「忿り」に拠ることの方が多い。昨日まで普通に暮らしていた親子、兄弟、夫婦が、一時の「忿り」で相手を殺してしまう事件は、今も後を絶たないのである。

相手の無礼な態度に腹が立って、まずは文句を言ってやろうと電話をかけると、留守のときがある。だが、すぐには怒りの気持ちが収まらない。そこで何度も電話をかける。しかし、ついに相手が出ないときは、強い憤懣《ふんまん》を抱きながらも、「よし。明日またかけてやる」と思って我慢する。ところが明日になると、なぜか気持ちが変わっていて、「まあいいか。彼はああいう奴だから、言っても仕方ないか」と思って、止めてしまうのである。私もそんな体験が何度かあって、このごろやっと、腹が立っても一日たってから、もう一度考え直すようにしている。最も一日では済まなくて、二、三日も考えてしまうことがある。時には何日たっても想い出すたびに腹が立つような相手もある。「忿り」を無くすことはなかなか難しいのである。

岡山に黒住宗忠《くろずみむねただ》（一七八〇～一八五〇）という人が創始した、「黒住教」という宗教がある。多くの岡山藩士が信者になったことで知られるが、そのために他宗派の信者で宗旨替えをする者が増え、黒住教に信者を取られたと怒った一人の山伏が怒鳴り込んできたことがあった。山伏は悪口雑言《あっくぞうごん》の限りを尽くして宗忠の宗教を罵倒したが、宗忠はただ頭を垂れて聞いているばかりだった。最後に山伏が、「分かったな、もう二度と布教などするなよ」と言って、得意になって出て行くと、次《つぎ》の間《ま》で聞いていた奥さんが出てきて、「あなた、あれほどに酷いことを言われて、一言も言い返さないということがありますか」と難じた。すると宗忠は奥さんを縁側に連れて行き、「ご覧、彼は私に勝ったと思って、あんなに悦び勇んで帰ってゆくではないか。彼だって大御神《おおみかみ》の御分心《ごぶんしん》を頂いている者なのだから、もし私が反論して争いをすれば、そのために御分身を傷《いた》めることになる。人の御分身を傷めてはならんからな」と言った。

黒住宗忠は、「だれの心も天照皇大神《あまてらすおおみかみ》の心と一体だ」という信心を得て宗教を開いた人である。太古以来の神々の心を分け与えられているものが、われわれの身体だから、その分身を傷めることを、宗忠は「穢れ《けが》」と言った。「穢れとは、気（生きようとする気力）が枯れることとだ。それゆえ腹を立てて物を苦にすることが穢れの第一なのだ」と言った。怒ったり迷ったり苦しんだりするのは、本来の大御神からの分身を傷つけて、穢すことである。だから日々に勤めて怒らないように工夫することが、一番の修行であり、神々と同じ心に通う道なのだと説いた。

宗忠の悟りは、聖徳太子の悟りに通じるものがある。現代人のわれわれは、なかなか心の怒りを去ることができない。いつまでも相手が悪い者のように思って、怨んだり憎んだりしている。だから怒ることでかえって、自らの「神ながらのこころ」を穢していることには、ほとんど気づかない。

宗忠が大森武介《ぶすけ》という者の家に行ったときのこと。座敷の長押《なげし》に額が掛かっていて、「堪忍《かんにん》のなる堪忍は誰もする。ならぬ堪忍するが堪忍」という古歌が書いてある。腹を立てないでも済むような堪忍（怒りを我慢すること）なら、誰でもすることができる。堪忍することができないような強い怒りを、ジッと我慢して堪忍するのが、ほんとうの堪忍というものだ、という意味である。

これを見た宗忠が、この言葉を掛けている訳を訊くと、武介は「朝夕にこれを見ては、この心で多数の使用人を使っています。お陰で家内繁盛して、有り難いことです」と答えた。すると宗忠は微笑《ほほえ》みながら、「その堪忍というのも大変結構なことですが、いっそのこと堪忍もしないのが宜《よろ》しいでしょう」と言う。武介は意外に思って、「堪忍はせぬほうがよいといわれるのでしょうか」と訊いた。そこで宗忠は、「腹を立てねば、堪忍も要らないことです」と答えて、即座に次の歌を詠んで与えた。「堪忍をするより更に腹立てな腹が立たねば堪忍もなし」と。
これを聞いた武介はハッと平伏したが、以後長押の掛け物は外して、いよいよ信心堅固の者になったという。（以上の話は、すべて黒住宗忠の『御逸話集』による）
こういう話を聞かされると、われわれもハッとさせられて、日頃何かにつけて腹を立ててきた我が心が反省させられる。しかし未熟な私はすぐに、何でも怒らなければそれで良いのかという思いもわいてくる。著名な仏教者で、つねにニコニコして、怒ったことなどないのではないかと思われるような人がいる。そんな人を見ると、自分の家でも同じなのだろうかと思ってしまう。家人の前ではブスーッとしていたり、怒ったりしているのではないかと、つい疑ってしまうのである。
つねに怒らない心でいようとすれば、いつもニコニコして、人にどんなに傷つけられても、決して怒らないように我慢してゆかねばならない。そんなに努力して我慢する心は、かえって苦しく長続きしない。宗忠の「腹を立たねば堪忍もなし」で、初めから腹は立てずに、堪忍はせぬことにしてゆく方が、かえって実になりそうである。

神ながらの怒り

しかし世の中には極悪非道な者がいて、歴史上では自己一身の利益のために、想像を絶する残虐な殺し方をした例が山ほどある。そんな者にも、決して怒らないで対してゆくのが正しいのだろうか。私は聖徳太子が言われた「忿りを絶ち、瞋りを棄てよ」という言葉は、そういう意味ではないと思う。

私がついた禅の師匠は大森曹玄という方で、弟子たちは師のことを「老師」と呼んでいた。ある日、老師に「宗教者は決して怒らない者なのではないですか」と訊いたことがある。私は弟子になって以来、なんども怒られてきたので、不審に思ったのである。すると老師は、「古事記に、須佐之男命《すさのおのみこと》が怒って泣いたとき、青山を泣き枯らし、河海《かわうみ》を泣き乾《ほ》した、とある。そのように怒るのなら、怒ることも真実になる」と答えた。

老師は講座でも、「今、世の中で怒っている者は、みな個人的な私情だけで怒っている。真に天下を尽くして怒るような者がいないから、いつまで経っても天下の人心が安らがないのだ」と言って、「須佐之男命が怒って泣くと、山河や大海の水をすべて使い尽くして泣いたので、山も河も海も水がなくなってしまった。怒るときはそのようでなくてはならない」と話した。それを聴いていた人々が思わず失笑すると、老師はすぐに手を振って、「そんな鼻先で笑うようなものではない。笑うときは全宇宙がどよめく（動揺する）ほどに笑うのだ」と言った。その一言で、聴衆は何となく納得させられたのである。

こういう怒りは、怒らないことの反対ではない。「神《かん》ながらの怒り」である。己の個人的な損得、善悪、上下などの感情で怒るのではない。人知の思慮分別を一切離れた、神々の心がなす怒りである。宇宙創成の創造主自体からの怒りである。

大宇宙も、あるときその真ん中から、渾身の怒りが爆発して、ビッグバンが生じた。以来、無量の星々が生まれて、今日に至っている。「神ながらの怒り」とは、そういう怒りである。大小も有無も憎愛もまだ生じる以前からの究極の怒りである。この怒りがあって初めて、一切の生命が創造されてきた。

一般にわれわれの起こす怒りは、目先鼻先の怒りである。つい己の腹の虫の居所が悪くて怒っている。自分は人（他人）のことなど認めたこともないくせに、人が自分を認めてくれないといって怒る。そんな風に腹の虫の居所が悪いだけで怒っていると、怒りが生じるたびに他人が悪いとばかり思うようになる。やがて、自分の生きている意味まで見失ってゆく。当然のことで、自分の感情の生じる理由をつねに他人の所為《せい》にしているから、結局、心の確かな拠り所が何か分からなくなってしまうのである。それで、他人を皆殺しにして自分も死んでしまえば、心の拠り所を失った虚無感（それは苦しいものである）も解消することができるかと妄想し、ガソリンを撒いて、大量に他人を殺したりもする。

現代人が目先鼻先の怒りで終始してしまう原因は、民主主義によることも多いと思う。われわれはだれも、平等に生きる権利があると教えられてきた。万人が差別なく幸福に生きられる社会を作ってゆくものが、民主主義だと信じてきたのである。それで、みな生きることは楽しくなければならないと思っている。このごろの歌を聴いても、「君の前には夢がある。その夢を信じて、さあ前に進もう」などという歌が流行《はや》る。聴く者は、自分の夢もいつか大きく実現するように思って胸膨《ふく》らませるが、メディアに紹介される歌手は、大量にいる歌手たちの中のほんの一握りで、大半の歌手は名も知られず、場末で日々空しく夢を追っているばかりである。前に進んで夢が実現した者は、限られた少数なのである。

売れない歌手や俳優だけではない。だれからも認められず、夢ばかり膨らませて惨めに生きている者は、今もたくさんいる。政治家はそんな人々がいることを挙げては、政府の悪政の所為にして批判する。社会的に恵まれない人々のために、厳しく政府の責任を糾弾すれば、自分たちへの支持が、選挙のとき大きくなることを期待するからである。

しかし、みな平等に生きられるはずの民主主義社会で、この現実に気づかされた者は、早くに気力を失っている。以前、大学を卒業した時点で、もう自分の未来が見えたように思い、生きる意味を失う若者がいると聞いたときは、まさかと思った。だが、ほんとうらしい。精神科に通う者も多く、医者がどんな治療をしているのかを訊くと、大半はただ薬を大量に与えるばかりだという。

だれもが平等に自由に生きる権利があると言うなら、なぜそんな権利があるのか、その意味を深く考えてみなければならない。何も考えないで安易に信じているから、みんなと同じ幸福を得られないように感じると、すぐに目先の怒りが爆発してしまう。

しかしまた私は、日本人が今、民主主義の考え方を安易に捉えてしまうのは、聖徳太子の「和を以て貴しと為す」のこころが、内心では信じられてきたことに拠るのだと思う。否《いや》、太子が言われる以前に、すでに日本人には「和するこころ」を貴ぶ心が具わっていた。始めからみんなの心に具わっていないようなことを示しても、誰も感銘を受けなかっただろう。太子はただ、日本人にこの「こころ」があることを察知して、憲法の言葉に為しただけなのである。

借りものではない拠り所

大和時代に大陸から稲作農業がもたらされて以後、日本に米作りが始まったようにいわれる。だが縄文時代（約一万年ぐらいの時代）に、すでに始められていたものがあったから、大陸から新たな稲作法が入ってきたとき、すぐに対応することができたのだと思う。以後、今までの稲作法とは異なる大量の収穫がなされるようになった。耕作地も増え、みんなで共同して働く必要も生じていった。そして村中の人々みんなで協力し合って働く方が、いっそう効率が上がることも知るようになった。だれとも上手に和してゆけば、より収穫を上げることができる。そのことを、みんなが納得するようになって、「和するこころ」は日本人の心に、自ずと醸成されていった。

私の子供のころは（今から六十年ほど前）、農繁期になると学校も半日で終わり、子供たちは午後の一時《ひととき》を親たちと一緒になって農業を手伝った。梅雨時には田植えを手伝い、秋には稲刈りを手伝った。働ける者はみな総出で米作りに励んだが、これははるか昔の、弥生時代以来の風習だったと思う。

「和するこころ」は、先にも述べたが、ただみんなと同じ考え方になってゆくことではない。個々にはみな他と考え方が異なっていることが、生きることの実際である。むしろ、個々に異なった能力を尽くし合うことで、かえって全体のよき調和をもたらしてゆく。「和するこころ」とは、そういう心を言う。だから少し前までは、大人のように働けない子供たちも農業に参加して、大人たちとともに「和するこころ」を体験することができた。

田植えの終わった後、田の縁に座り、泥だらけの手でお結びを食べたこと。脱穀した後の稲わらに乗ったり潜《もぐ》ったりして、（これは大人たちに叱られたが）遊んだこと。これは実に楽しい想い出で、今も忘れられない。子供ながらにも一人前の大人のように扱われて働いたことの楽しさだった。

今、こんな楽しみを味わう子供たちがあるだろうか……。

子供のときから、「和するこころ」の嬉しさを知ってきた日本人である。だから、争うことは悪いことで、お互いに話し合って調整してゆくことは正しい道だった。

現代人も内心ではそう思っている。それがどうしてか話し合うたびに、かえって反対者を多く作り出している。仕方がないから、同じ考え方の者同士が集まり、反対者を数で圧倒することで自分たちの正当性を認めさせようと謀《はか》る。そうやって、意見の違いを争っているうちに、怒りが高じて、果ては戦争まで起こしている。

どうしてそうなるのか。怒りが「神ながらの怒り」ではないからである。自己一身の心の虚しさを埋めるためだけに、怒っているからである。生きる意味を見失い、心の拠り所をなくし、心が虚無に陥っている。そんな心の虚無を、国家や大衆を助けていると思うことで、無くそうとしている。そんな者も多い。心底から他の幸福を願ってのものではない。内心は、我が心の虚無感や退屈感を救いたい。だから自分の考え方に反対する者が出ると、激怒して止まなくなる。心の虚無や退屈をさらに押し広げられるように感じてしまうからである。

自分だけの問題で怒るときも、理由は同じである。夫婦間の喧嘩は、互いの心の拠り所を否定し合うことから起きる。たいていは、互いの親のことを批判されるときである。自分の仕事をけなされるときである。また子供の将来に対する考え方に反対されるときである。さらには隠しておきたいことが、明かされそうになるときである。

実際、人が嘘をつくのは、己が嘘つきと思われたくないからである。自分の言っていることが真実であると思われたい。そのために懸命に嘘をついている。ずいぶん苦心して隠してきたのに、嘘がバレそうになる。これは怖い。大事な心の拠り所が壊されるように感じるのである。だから激怒して否定する。激怒してみせるより他に方法がないのである。事実は、指摘された通りだからである。まあ、夫が浮気を指摘されて、懸命に怒っているのは、多くがこの類であろう。

個人的な問題も、国家や社会や、大衆を救済する問題も、それが怒りとなって現れるときは、内心に怖れがある。己が生きるために拠ってきた価値観が、一気に壊されるような怖れを感じている。それは結局、自分の生きるために拠ってきた価値観（心の基盤）が、真実ではないからである。他から借りてきた拠り所だから、否定されると、拠り所が無くなるように感じて、怖れている。

存在の根拠に嘘偽りのない真実があるなら、怖れは生じない。だれに否定されようと、失われるような心ではないから、怖れる必要もないのである。

もし借りものの拠り所を離れ、自身が初めからよく知ってきた安心の拠り所に立ってゆくなら、あれこれ他人から否定されても、他人の言葉で傷つく必要がない。ほんとうは我が心の内によく知ってきた、真実の安心所がある。それを、つい忘れているから、借りものの拠り所が壊されることを怖れて、怒っている。

他所《よそ》からの借りものではない。真実安心の拠り所になっている我が心とは何か。われわれに初めから具わってきた「和するこころ」なのである。

自他一如になしゆく力

本来「和するこころ」は、生命がこの世に生じて以来の、本性の働きである。それで、まだまったく未知の世界に生み出されても、すぐに生まれながらの本性が働きだす。具体的には、己と他との差別を上手に調和させてゆこうとするのである。

鳥は生まれて最初に見たものを親と思ってついて行くと聞いたことがある。人間も同じである。まずは目前の親の、言ったり為したりすることを、すっかりコピーすることから始められる。これはわれわれの身体を構成している約三十七兆の細胞に具わった、遺伝子の働きに与ってのものである。
細胞は日々に勤めを終えたものが死んでゆく。皮膚上で死んだものは、垢となる。しかし、細胞は皆、一定の周期をもって死んでゆくというのに、どうしてわれわれ自身は死なないで、今日まで同じ我として続くことができているのか。このことを疑問に思ったことはないだろうか。細胞は死ぬ直前に、今まで遺伝子に記憶してきた全情報を、新たな細胞上に残らずコピーする。それで細胞が死ぬ前と同じ我を保っておられるのだという。

このコピーする働きは、細胞自体が己を無（空っぽ）にすることで起こしている。新たな細胞がまったく白紙の状態になっているから、人類の全過去の経験を、そっくり誤りなくコピーしては、つねに新たな今の我に為してゆく。ところで、この細胞自体に具わった己を無にするコピー力は、そのままわれわれが他と出会うときにも働いている。他と出会うときは、即今の心をまったく無にすることで出会ってゆく。我が心を無くして空っぽにするから、他を正しく受け入れることができてゆく。我が心に少しでも我という思いが有れば、他をあるがままに受け入れることはできないのである。われわれは、つい「私が他に向かって出会おうと欲したから、出会うことができている」と思う。むろん意識的に相手に対したことには違いないが、対した刹那の心が空っぽになっていたから、相手が我が心に素直に入ってきたのである。

そこには生まれながらの「和するこころ」が働いている。「和するこころ」が、我が心を空っぽにさせて、相手をあるがままに受け入れ、出会いを不足なきものになしている。もし他に出会う前に生じていた思いが、他と出会ったときに少しでも残っていれば、相手が前の思いに邪魔されて、あるがままの相《すがた》では入ってこない。されば、ただ我意を離れて、「和するこころ」の無にする働きにお任せしてゆくことこそ、自他を真に和しゆく道なのである。

第二章

達れる者は少なし

「十七条憲法」は、推古天皇十二年（六〇四）の四月に発布された。これを子細に読んでみれば、儒教（『論語』を中心とした学問）の考え方や言葉を、仏教の悟性の心で解釈してまとめられたものであることが分かる。

第一条で、「和を以て貴しと為し、忤《さから》うことなきを宗《むね》と為す」と言った。この言葉は、『論語』の中の言葉が本になっている。

『論語』はシナの魯国に生まれた、孔丘《こうきゅう》（前五五二〜四七九、古来「孔子」と尊称された）と弟子たちの言行録である。日本では飛鳥時代に伝来されてから、江戸時代の終わりまで、学生が学ぶべき中心の聖書として尊ばれてきたものである。今の日本人は読んだことのない者が大半だろうが、実はわれわれが今日話す言葉にも、『論語』の中に出る語句がたくさん使われている。それだけに、日本人のものの見方、考え方の上に多大な影響を与えてきた書でもある。

自ずから礼が生じている

その『論語』学而篇第一に、「礼の用は和を貴しと為す。先王の道もこれを美と為す。小大これに由るも、行われざるところ有り。和を知りて和せども、礼を以てこれを節せざれば、また行うべからざるなり」とある。

〔礼儀作法が用いられるわけは、和することを貴ぶためである。昔の聖人たちも和することこそ美しい行為とされた。むろん、どんなことでも互いに和し合ってゆくことは貴いが、それだけでは充分に行われないことがある。だから和の貴さを知って、和することに努めても、それを礼儀という形でもって調えてゆかねば、和することも充分に行われない。古来、礼儀作法が貴ばれてきたのは、そういう理由《わけ》である〕

これは孔子（孔先生という意味）の高弟、有若《ゆうじゃく》の言葉である。孔子と同じ魯国の人で、孔子より十三歳若かったと言われる。孔子の死後、彼の容貌や言動が孔子に似ているというので、孔子の代わりに師事した門人たちが多くいた。『論語』の中では「有子《ゆうし》曰く」と記され、その言行が載せられている。「子」をつけて尊称されたのは、孔子の弟子三千といわれるなかでは、彼を含めて四人だけである。

さて、この有子の言葉は、読んだだけでは少々分かりにくいだろう。特に現代のように、だれもが平等に生きる権利があると考えられている時代には、なおさら分かりにくいと思う。「みんなで和し合ってゆくことが貴いのは当り前ではないか。なぜそれだけではだめだというのか」と思うだろう。

たとえば、学校で先生が生徒に教えている。先生は長年にわたり苦心して勉学に努めてきた者である。そのお陰で、何とか人に教えられるほどの力を持つに至った。元来、身につけた知識や教養を、他人に伝えることは難しい。教える内容を自分が一番よく理解できていなければならないことは無論だが、生徒が何を理解し何を理解していないのかを、よく見極める知恵も必要である。また学んだことを、自らの人生に応用し工夫して、生きた知識にしてゆく経験も大事である。そうでなければ、単なる知識をコピーしてきただけの者に終わる。

元々、先生がそのように苦心して研鑽《けんさん》してきた者だったから、教わる方も尊敬の心で対することになった。教わるたびに、生きることの大事な知恵も教わるように感じたからである。さればこそ先生に礼儀を尽くすのは当然のことで、そのことを疑う者は、昔はあまりいなかった。

ところが、現代は大分異なる。先生がどんなに偉いか知れないが、先生だ生徒だといって差別する必要はない。先生も一人の人間であれば、だれもが平等に生きる権利を与えられている者同士ではないか。しかも先生はちゃんと給料を貰っている。それは親たちが納めた税金や謝礼金で、先生が生徒に教えるのは、先生になった者の仕事である。

また、先生になるもならぬも本人の自由で、嫌なら先生にならねばよい。自分の自由意志で先生になった者を、どうして生徒が一々礼儀を尽くす必要があろうかと。

現代ではこういう風に考える者も多くなった。親も生徒もそう思う者が増えたから、時にうっかり叩いたり怒鳴ったりすると、人権侵害で訴えられることになる。このごろは、先生は教壇で勝手に教えている、生徒は教室で勝手なおしゃべりをしているという学級がある。

一人の生徒が授業中にあまり騒ぐので、ある大学教授が頭を軽くコツンと叩いて注意したところ、子供が暴力をふるわれたと両親から訴えられた。裁判の結果、裁判官から「あなたも大学の先生なのだから、もう少しお考えなった方がよい」と注意された教授は、「こんな子供たちに教えられるか」と言って、大学を辞めてしまった。

どうしてこんな状態になったのか。原因はとても簡単である。子供は学校へゆくべき者だとして、国の法律で義務教育にしたからである。教わりたくない者たちを、無理に学校に行かせて、聞きたくもない知識を教えようとするから、教わる生徒は少しも熱心になれないのである。

つまり需要と供給が合っていない。受ける側と与える側とのあいだに、「和するこころ」からの納得がないのである。だから今は、塾が流行《はや》る。私の庵には、ときどき元筑波大の先生が遊びに来る。長年フランス語を教えていて、今は退職している方である。その彼がよく、「このごろ大学の周りは、塾の宣伝だらけだ」と話す。進学塾の案内が至るところに掲げてあるというのだ。

塾の先生は、子供たちが学校の授業に退屈していることをよく知っていて、いかに退屈しないで勉強させるかの工夫に知恵を尽くしてきた者たちである。だから大学に進みたい者は、できれば学校を休んでも、塾には通いたい。その方が成績の上がることを、生徒もよく知っているからである。

塾の先生に負けてはいけないと、私立校の先生たちも、教え方を工夫するようになった。今日では進学率の高い学校は、多くが私立校である。むろん授業料の高さは、公立校の比ではないから、親の負担も大変である。

公立校では三十人学級でも、先生一人では負担が大きすぎるといい、二人で教えるところがある。私立校や塾では、生徒の数は問題ではない。一人の先生の能力次第である。上手に教える先生の教室は人気があって、生徒も熱心に聴くから、自ずからそこに礼儀が生じている。勉強も喜んでやっている。つまり需要と供給が和しているのである。

私の故郷の岡山県には、「世間には善良な子供が行く学校はあっても、不良な子供がゆく学校がない。時にはそんな学校があってよかろう」と考えた人によって創られた、私立高校がある。もう創立してずいぶん経つから、今ではそんな創立理念を知らない者も多い。この高校で、私の友人が国語の先生になっていて、こんな話を聞かせてくれた。

最近の生徒は背が高く、教壇に来て「先生」と言ってくる生徒は、友人よりも高いところから質問してくる。そこで彼は、「わしより高いところから話しかけるな。わしより低い位置で話せと指導している」と。だから生徒は、彼の前では腰をかがめて質問してくるという。私は驚いて、「そんなことを言っていたら、卒業の時に学校の裏に呼ばれて、集団暴行されるのではないか」と訊いた。すると友人曰く、「それはないが。ときどき何々先生が気にくわないから、ぶん殴ってやりたいが、先生どうでしょうかと相談されることはある」と言う。「それでどう答えるのか」と訊くと、「殴るのはまずいから、やさしくなでるだけにしておけと指導している」と答えた。

この友人は生徒に人気があって、こんな風に指導しながら無事に退職した。以来二十年近くになるが、いまだに卒業した生徒の相談を受けて走り回っている。彼もまた、先生と生徒の関係を「和するこころ」で勤めてきた者である。

「先生なのだから、生徒は礼儀をちゃんと尽くせ」と言わなくても、尊敬する気持ちがあれば、生徒は自ずから礼を尽くしてくる。生徒に尊敬を抱かせるような指導力もないのに、礼儀だけを求めようとすれば、かえって反発したくなる。これは親子の関係でも、会社の上司と部下の関係でも、同じことである。


有子の言葉は、人々と上手に和し合うためには、まずは礼儀を尽くし、社会的な上下関係を正してゆくことが大事だと言っているように見える。しかし「和する」とはどのようにあることか、その具体的な方法を考えてゆけば、有子の言葉の真意も、別のところにあることが分かる。有子は和することが安易になされると、かえって乱れることをよく知った上で言ったのである。また礼儀を強制的に守らせれば、かえって非情な横暴にも堕してゆく危うさも、よく知った上で述べた。

和することと礼を為すことと別々に捉えていると、ほんとうの「和するこころ」から外れてしまう。そのことを指摘したのである。平和を言う人の多くが、結局は自分たちの平和観に反対する者と争ってしまうのも、この道理が明かに納得されていないからである。

逆らうことなきを宗と為す

「和を以て貴しと為す」につづく「忤《さから》うことなきを宗《むね》と為す」も、同じ学而篇の中の有子の言葉である。

「有子曰く、其の人と為りや、孝弟《こうてい》にして上《かみ》を犯《おか》すことを好む者は鮮《すく》なし。上を犯すことを好まずして、乱を作《な》すことを好む者は、未だこれ有らざるなり。君子は本を務む。本立ちて道生ず。孝弟なるものは、其れ仁の本か」

〔有先生がいわれた。その人となりが目上の人や親に対して孝心《こうしん》があり、目下の者に弟心《ていしん》があるなら、上位に在る者を犯して、失脚させたり滅ぼしたりするようなことを好む者は少ないだろう。上位の者を犯すことは好まぬのに、反乱（クーデター）を起こすことを好む者に、私はまだ出会ったことがない。君子（人として正しい生き方をしようと勤めている者）は、努めて事物の本質を正しく見極めてゆかねばならぬ。そうして初めて、いつでも、どこでも、だれにでも具わっているところの、不変の道（仁心）を悟ることになるからだ。孝心と弟心こそは、人が仁心を用いるときの具体的な在りようなのだ〕

「孝心」は、親に対して従順な情で慕い尊んでゆく心である。「弟心（悌心）」は、年下の者が兄や目上の者に敬愛の情をもって接してゆく心である。この心も従来形ばかりが優先されて、「親や目上の人に、下の者は絶対服従すべきもの」と解されることが多かった。しかも今日のように、民主主義的な考え方（だれにも平等に生きる権利があるとする考え方）が主流になると、ほとんど忘れられた心のようになっている。

人が「孝心」を思うようになったのは、太古の時代に、「天地のこころ」を悟って以来のことだった。昔は生きることはすべて、天地の恵みに与《あずか》ってのものだった。現代のわれわれは、人工的に造られた多くの物に囲まれて暮らしているから、天地の恵みなどという言葉も陳腐なものになっている。だが人類は長いあいだ、肉や魚、貝類、穀物や野菜、果実や木の実など、また水や火や風など、自然に生じたものだけを受けて暮らしてきた。だから、生きるために必要なものはすべて天より与えられた恵みと信じて、日々に神や仏のような、人知を離れた神秘力を祈り尊んできた。

天からの妙不可思議な創成力を大地が受け、その力に与って地上の生物も生じている。天と地と人とは不即不離の関係にある。大自然のありようを虚心に観察すれば、どうしてもそのようにしか思えなかった。しかも天の恵みは、人の思い通りには決してならない。降って欲しくないときに大雨になり、時には大洪水の災害をもたらす。反対に降って欲しいとき、炎天の日々が何カ月も続いて、一切の生物を枯らしたりする。そのために多くの死者が出ることもある。大昔は、今の比ではなかったろう。

古代のシナ大陸では、黄河や長江が大氾濫すると、日本全土の数倍にあたる広大な地域が浸食されたという。また日照りがつづけば、大量のイナゴが襲来して、大被害をもたらした。空を真っ黒に覆って大群のイナゴが襲ってきて、畑作物はすべて食い尽くしていった。アメリカ大陸でも竜巻で多くの家屋が全壊し、山火事は何カ月も消すことができないニュースを聴く。自然は大きな恵みだが、反面に非情な力も秘めている。だからこそ人々は、太古の昔より天を祀《まつ》り、天意に自分たちの行為や思いが外れないことを祈った。天が人に災いをもたらすのは、われわれが天意に背くことがあったからに違いないと信じられたから、祈ることはつねに、嘘偽りのない真正直な心で為されねばならなかった。

聖なる地や山が定められ、聖なる祭壇が設けられた。そして耕作や狩猟の始まりに祈り、終わりに祈り、収穫に祈り、戦争の時に祈り、戦勝の時に祈った。天意と共に在ると信じてきた人々にとっては、日々天に感謝をささげて祈ることこそ、一番大事な行為だった。

古来、世界中のどの地域にあっても、天に祈らぬ民はなかった。昔「世界中の祈る姿」を撮った写真集を見たことがある。そのお陰で私は、太古の時からあらゆる国々の人が、つねに祈ってきたことを知らされた。

多くの場合、各部族の長《おさ》が代表して、司祭者となり、祈った。長になる者も天意に選ばれた者と信じられた。「政治」という言葉は、元は政《まつりごと》と言った。祈りを主催することが国を治める者たちの、一番の仕事とされたことに拠る。

漢字は今から三千五百年ほど前にシナ大陸で創られたというが、始まりは祈るための言葉として創造された。国を治めることが、まず天意を聴くことより始められたから、天に伺いを立てる言葉が、祝詞《のりと》となった。これが漢字の始まりである。


天は畏《おそ》れるものだったが、また恵み深きものだった。人々の生き死にの運命《さだめ》も、天の計らいのなかにあると信じられ、人の営みの成り立ちも天意に則《のっと》って在ると見た。国を治める主君は天意の代表者で、家臣はその恵みを受けて従う者だった。個々人の家では、家を治める親が天意の代表者で、子はその恵みの結果に従う者だった。だから主君は家臣に恩恵をほどこし、家臣は主君に尊敬の心をもって従ってゆくことが人の道とされた。親は子に恵みを与え、子は親に敬虔な心で従ってゆく。これが「孝心」である。そこには、「忤《さから》うことなきを宗《むね》と為す」心がある。互いに相手のことを思いやってゆく「和するこころ」がある。それが「仁心」である。

孔子の生きた時代のシナ大陸は諸国が乱立し、互いに侵略し奪い合っては、自国の利益を増すための戦いが繰り返されていた。そんな戦いのなかでは、悲惨な運命に晒される者は、つねに大衆だった。大量の人々が、殺され、略奪され、強姦され、犯されてきた。そんな悲惨な戦いを如何に止めさせることができるのか。古来、知恵ある賢人たちが真剣に考えてきたことだった。

孔子は孝弟の心を天意に則《のっと》った心として、弟子たちに説いた。有子が、「其の人と為りや、孝弟にして上《かみ》を犯《おか》すことを好む者は鮮《すく》なし。上を犯すことを好まずして、乱を作《な》すことを好む者は、未だこれ有らざるなり」と言ったのも、その教えに拠ってのものである。「君子は本を務む。本立ちて道生ず」も、天意に与った「和するこころ」が、人として務めゆく大本の道だと言ったのである。

誇り高き君子

聖徳太子は、「人は皆党《たむら》あり。また達《さとれ》る者は少なし」と言った。この言葉は、『論語』の衛霊公第十五に、「君子は矜《きょう》にして争わず、群《ぐん》して党《とう》せず」とある語が想い出される。「すぐれた人格者は誇り高いが、人と争うようなことはしない。また仲間同士で群れて、徒党を組んで他を責めるようなことはしない」という意味である。

自分の心の内容を高めようとする者は、つねに誇り高い者であろうとする。なぜかといえば、己の主体性を見失わないことに、生きる意味を感じてきたからである。他と同じでなければ不安になり、自分の考えがなくて、いつも大多数の意見に同調することで安心しようとする。そんな生き方には、ほんとうの自分が無いように思われてきた。確かな心の拠り所が見出せず、「己とは何か」「己の生きる意味は何か」というような問題も明らかでない。ただ意味も分からず生きているだけなら真に生きた気がしない。だから何とかして自己存在の真意を諦《あきら》めようと務めてきた。そのような者が、孔子の言う「君子」である。他と争ったり、群れたり、徒党を組んだりすることは、君子の存在意義を確立するためには、無益なことに思われたのである。

だれでも自分の心が不自由なことには苦しんでいる。だから、日々に大人たちから自分の言動を注意されたり、批判されたりすると、反発したくなる。むろんそれは、われわれの本性に自由性が働いている証《あかし》でもある。しかし多くは、自由を我が心の問題として問わず、目先の不自由から逃げることを優先してきた。不自由な理由《わけ》を他の所為《せい》にして終わろうとしてきた。そのほうが楽なように思われたからである。

否《いや》、ほんとうは己の不自由を他の所為にすることで、かえって己の自由を確認しようとしている。他の所為にして責めていると、自分が主人公になったような気になれるからである。だから反対に他に責められると、己の自由が奪われるように思われ、自由を守りたい気持ちが、いよいよ他を責めることになった。三食を親に食べさせてもらいながら、親に悪態をついたり、暴力をふるったり、怒鳴ったりする。他の所為で自分が不幸にされているように思い込むと、現代はそのために、ガソリンをまいて大量に人を殺したりする者も出る。

昔はそんな非道を為す者は、多くの場合権力者だったが、今は権力を持たない一般人がやる。一般人も人権だとか個人の自由とか教えられると、昔の権力者のように思い通りに為せる力が与えられているように錯覚するのである。また、どんなに他を責めても、我が自由を充分に感じられない者は、更に徒党を組んで他を責めようとする。大多数で責めれば、己の不自由感が正当化されるように思うからである。

己の心に誇り高い者は、そんな中途半端なごまかしはしない。心が不自由で苦しいとき、その理由を他の所為にするのは、己自身から逃げているように思う。誇り高い心とは、そのような心である。現代はこんな人のことを「プライドが高い人」と言うが、プライドが高い人は、人の意見を聞こうとしない。他人には尊大に構え、己の正しさを主張して止まない者である。誇り高い心は、他人に正しさを認められないと落ちつかないような、そんな小さな心ではない。

こんな誇り高き心を、昔は「矜持《きょうじ》」と言った。漢和辞典では「尊大にかまえること」と解しているものもあるが、この解釈だけでは勘違いされよう。「矜」は本来、苦しむ、憐れむ、哀しむ、慎むなどの意味の字である。己の悲しみ苦しみ憐れむ心を、衿《えり》を正して見ている。大事にして貴び、慈しんでいる心である。だから「君子は矜《きょう》にして争わず」といい、「群《ぐん》して党《とう》さず」と言った。多数と群れて怒ったり争ったりしなければ、己の正しさが認められないように思う。誇り高い君子は、決してそんなことは思わない。心の矜持が許さないからである。

評判のよい者

太子の言う「また達《さとれ》る者は少なし」は、『論語』顔淵第十二篇の、「それ達《たつ》なる者は、質直にして義を好み、言を察して色を観、慮《はか》って以て人に下る」という語から、想を得たように思う。

「ほんとうに物事の正しい道理に達している者なら、己の我意を主張しない。他に対しても正直で、飾り気のない素朴な正しさを好み、つねに相手の言葉をよく聞き、人々の心情をよく察して決断してゆくものだ」

この語は、弟子の子張が孔子に訊いたことによる。

子張があるとき、「士たる者は道に達した者でなくてはならぬと思いますが、どのような者が道に達した者でしょうか」と問うた。孔子は「君は達する者をどのような者と考えているのかね」と訊いた。子張が「国にあって主君に仕えているときも、必ず達者としての名声があり、家にいるときも、必ず達者としての名声があるような者だと思います」と答えると、孔子は「それはただ世の中の評判がよいだけの者だ。道に達した者ではないな」と言って、自分の考える達者について述べたものが先の言葉である。

子張が訊いた「士」は、紀元前のシナ大陸では、先祖が戦争で大活躍したときに貴族階級になった戦士たちのことである。後にはそんな戦士たちの子孫が、先祖の武勲のお陰で国の高級人士（君子）になってゆく。孔子の時代になると、子孫たちの志気も低下して、ただ先祖の名声に奢《おご》って傲慢《ごうまん》になり、贅沢になり、国の未来や庶民の暮らしを案ずるような者が稀になっていた。孔子はそれこそ国家の危機だと思い、若者たちに本来の「士」としてのありようを説いてきた。その日も、孔子が「士とされる者は、達した者でなくてはならぬ」と説いていたので、子張が改めて問うたのである。「その達した者とは、どのような者をいうのでしょうか」と。

「達」という字は、中に「羊」が入っている。この字の始まりは、羊がお産をするときに難産にならず、何の障害もなくスルリと生まれ出ることから作られたものである。それが後に、道にあって障害なく無事に通り抜けてゆく意味になったという。(白川静著『字通』より)

子張は、主君に仕えて優れた臣として知られ、国にあっても家にあっても評判がよい者、世間的な名声や誉れのある者が、人として道に達した者だと思っていた。孔子はそうではないと言った。それは単に人々に評判がよいだけの者だ。ほんとうに道に達した者なら、性質が素直で正直で、義(誰にも正しい道理)を好み、人の言葉の真意をよく察し、人の顔色の意味をよく観て、人がいかなる理由《わけ》でそのように為しているのかを、深く考察し究明してから下の者に対応してゆく。だから国にあっても必ず達した者とされ、家にあっても必ず達した者とされるのだと言った。

現代のわれわれは、達した者(達人)ときけば音楽や美術や工芸などの技《わざ》に、特に優れている者のことを思うだろうか。スポーツ選手では、オリンピックのメダリストや野球、サッカー、マラソン選手など、激しい訓練を通して、一般人の及ばない秀でた技を発揮する者のことを思うかも知れない。将棋や囲碁の名人も、達人と見做されようか。これらの達人は、子張が思っている達人と同じ者だが、孔子が言う「達した者」ではない。現代はテレビや新聞や雑誌などのメディアで、終日報道して大いに賞賛してくれるから、世の中に評判がよいだけの達人も、たくさんいる。

しかし、一般に人々は世間的に評判のよい者が、どのような人生観を持って生きている者なのかは、あまり興味がない。また関心もない。たとえ関心を持つことがあったとしても、一時である。オリンピック選手などは、メダルを取ったか否かばかりが報じられ、メダルを取らない者のことは、ほとんど忘れられている。たとえ結果は十位、二十位だったとしても、世界中の優れた選手たちの中での十位、二十位である。だから実際は、世界的にはもの凄く高いレベルの技量を持った者である。その位に達するには、常人の及びもしない苦しい練習をしてきたことは、メダリストと同じである。メダルには及ばなかったといっても、数秒数分の差だったりもする。しかし、世間の評判は、メダリスト以外には関心がないのである。

あるメダリストに聞いたことがある。マスコミはメダルを取ったときは迷惑なほどに大騒ぎしてくれるが、時が過ぎると、すぐに忘れてしまう。ただ薬物などの違反を犯したりすると、また大騒ぎしてはくれるがと。

どんなに達人の境地にあっても、世間的な評判は、このように非情なものである。だから孔子は、ほんとうに「達した者」は、そんな世間的な評判に関わる者ではないと言った。聖徳太子が達した者を、「達《さと》れる者」と呼んだのも、この意味である。

だれにも澄んだ心がある

孔子の言う「達なる者」は、性質が素直な者である。だから人としての義《ただ》しい道理を好み、人の言葉の真意をよく察し、人の顔色や動作をよく観て、人々の真心がどのように働いているかをよく悟ったうえで、その人に対してゆく。

孔子の「達した者」は、他に対したとき、そこに我という思いがない者である。「己が」という私心がない者である。自己中心の我欲がないから「質直」である。性質が正直で素直である。己を他人によく見せようとして飾る心がない。実際、われわれの心は、本来だれにも飾る必要がなくて済んでいるものである。そのことをよく悟っている者が、「達なる者」である。

反対に、みんなの評判がよいことで「達人」と思われたい者は、世間的な評価に合わせて自己の技術も工夫しなければならない。自分の主体性のほうは、始めから無視している。「主体性」は、自分の好き勝手を為すような性分のことではない。自己を真《まこと》に為している本来の性のことである。確かな主体性をもって生きる者は、他のだれの評価に頼らなくても、自己本来の真心に従って生きている。だから人の評判に左右されて、自分の価値を上げたり下げたりはしない。自己が自己のままに生きて、それで一切の事が調えられている者である。

実際、心は本来そのように真実に働いてきたものである。心の主体性に素直に従っていれば、自ずから真実になって、初めから心に不足はなくて済んできたことが分かる。わざわざ他人と比べて一喜一憂する必要はないのである。

「主体性をもって生きる」とは、本来の自由な心に気づくことである。われわれに具わっている自由な心は、努力して作ったり養ったりして得るものではない。努力して得た自由なら、すでに主体性を見失ったものである。われわれが日々何のために生きているかといえば、ただ自ら「主体性をもって自由に生きたい」からである。この思いは、だれもが心のうちに抱いている。決して他人に認められたいために（そう思っている者は多いが）生きているのではない。自らに初めから具わっている自由がある。そのことが内心に予感されているから、それを何とか自心に確認したいと願って止まないでいる。

沢庵《たくあん》禅師（一五七三〜一六四六）といえば、吉川英治著『宮本武蔵』の中で、武蔵の心の師のように書かれて有名になった和尚である。実際は武蔵に出会った史実はないのだが、小説家の発想でそういう話になった。しかし三代将軍家光や、将軍の剣の指南役・柳生宗矩《やぎゅうむねのり》の帰依《きえ》を受け、多くの諸大名との交流があった禅師である。そのため、日々に来客が絶えなかったが、本人は人に会うことよりも、一人でいることを好んだという。

あるとき弟子が、「一人が好きだといわれても、だれも訪ねて来る者がなければ寂しいでしょう」と訊くと、「いや寂しくない。庭では木々や草花や鳥や虫たちに会い、空では日や月に会い、野では山や川に会っているからな」と言った。

人に会わないときの、この楽しみを知る者が、「主体性」をもって生きる者である。人に認められたいのに認められないように思い、日々に鬱々《うつうつ》としている者は、沢庵禅師のこの心に習ってみてはどうか。自然の中に、たくさんの友人知人を見出すことだろう。

しかしこんな心は、修行した沢庵禅師だから持つことができると思うだろうか。心はそのようなものではない。元々生まれる以前よりだれの心にも具わってきたもので、今日までわれわれのうちでフル稼働してきたものである。それでいて、どんなに休みなく働いても、ついに減ることも増えることも疲れることもない。われわれの「主体性」の心は、そういう性分を具えたものである。

われわれも、心に何の憂いも苦しみもない無心のときが必ずある。そんなときは、だれでも沢庵禅師と同じ心でいる。

以前、新幹線に乗って東海道を走っているとき、静岡辺りにくると空はすっかり晴れあがり、富士山の全容が美しく眺められることがあった。すると車内放送で、「今日は富士山が美しく見えます」と案内があった。乗客全員が窓の方に目をやり、やがてだれからともなく「ホーッ」という声があがった。この瞬間は、みな自己の主体性をもって無心で富士山を見ていたのである。だれかと比べたり、だれかより偉くなったり、だれかより惨めになったりし見ていた者はいなかった。初めから具えもってきた真心で、だれもが富士山の美しさに見とれていた。

われわれには雄大で美しい山に向かうとき、素直に雄大になってゆく心がある。真っ青に澄んだ空には、思わず青色に染まってしまう心もある。澄んだ青空をみて、腹を立てるような者は一人もいない。特に長雨がつづいた後の青空には、だれの心も喜んでいる。初めから具わっていなければ、喜ぶことのない心である。

この心が働くときは、現在の人生を苦しんだり悲しんだりする気持ちは、まだ生じていない。人生には楽しみが少なく、苦しいことばかりが多いように思われるときがある。しかし、どんなに苦しいことがあっても、何とか今日まで生きてこられたのは、われわれがどこかで、この澄んだ心のあることに気づかされてきたからである。

義を好む士を願う

この澄んだ心、修行して会得したものではない。初めからだれにも具わってきた心である。「我《われ》が」という思いの無いときは、いつも必ず顔を出してきた心である。「我」無くて、他と無心に和し合っているとき、この心を使わずにきた者は一人もいない。だからわれわれはいつも、この心に出会いたくて仕方ない。

赤ん坊に出会った人は、思わず和《なご》やかな心になる。悪人でも嘘つきでも、傲慢《ごうまん》な者でも、赤ん坊の笑顔に出会うと、みな笑顔の心になっている。なぜ笑顔の心になるのか。われわれの心に、赤ん坊の無心が具わっているからである。心に赤ん坊の心が具わっていなければ、赤ん坊の笑顔に和《なご》まされることはない。

澄んだ青空を仰いで清々しくなる心も、われわれが作って起こさせたものではない。わざわざ起こさなくても、青空を見たとたんに清々しくなっている。なぜ清々しくなるのかといえば、空が無心だからである。空の無心に触れて、即座にわれわれの無心が呼び出されてしまうからである。

さればこそ、無心のときは、だれの心も真実のままでいる。なぜ真実のままにいるのか。われわれの心は、本来、天意の真《まこと》に則《のっと》ってのものだからである。

大自然に現れているものは、みな天意（宇宙的創成力）の真に則っての存在である。だから山や川が自己を偽って自分勝手に存在したことはない。木々や草花が人のために善かれと計らって生きたこともない。天から与えられたまま、個々に与えられた分を余すことなく尽くして生きている。人間も天と共に生きてきた者であれば、天意の真を離れて生きられたことは、まだ一度もないのである。

もし天意の真と別に、己の力だけで生きてきたという者があるなら、その者はすでに生きていない。時々「だれにも迷惑はかけていない。自分の力だけで生きてきた」などという者があるが、その者は天と共に生きていない。われわれの宇宙とは無縁の場所に生きているのだ。

この地球上で大自然と共に生きている者なら、みな天意の真に与《あずか》っての存在である。実はこの事実に、われわれはいつも気づかされてきた。そして天意の真に則って、心が自然に無心になっているときは、だれの心も素直で正直で、嘘偽りなど少しもなくてきたのである。

「義を好む」とは、この天然の真心を好むことだった。孔子は、「それ達なる者は、質直にして義を好み、言を察して色を観、慮《はか》って以て人に下る」と言った。達する者（達人）は、性質が正直で、天然の真心によって正されることを好む者である。つねに我無くて人に向かい、よく人の言葉を理解し、よく人の顔色を観察してその真意を察し、あらゆる状況をよく考慮してから決断してゆく。そういう者が「達なる者」でなくてはならぬ。孔子の学問塾で学んだ生徒は、世の中に出ると、国の官僚になる者が多かった。だから孔子は庶民の生活に責任ある役人（士）としての、その覚悟のありようを説いた。「質直にして義を好み」とは、そういう覚悟の士のことである。

孔子はまた別のとき、子張の問いに答えて、「忠信を主として義に徙《うつ》るは、徳を崇《たか》くするなり。これを愛しては其の生を愛し、これを悪《にく》んでは其の死を欲す。すでに其の生を欲し、また其の死を欲するは、是れ惑《まど》いなり」と言った。

〈己の好き嫌いを離れた真心〈忠信〉を第一にして義に向かう者は、徳を高くしてゆく。だが、自分の愛する者の生きることは願うのに、憎い者は死ぬことを願っている。このようなら、心乱れて迷っているだけの者で、正しい判断なんかできる者ではない〉

「義」を好まぬ覚悟無き者は、つねにこのようである。自分の好きな者や、自分に得する者ばかりを集め（党して）、嫌いな者は謀略してでも殺そうとする。シナ大陸の歴史は、前の王朝を全滅させては、新たな王朝をたててゆくことの繰り返しだった。そのために王朝内の政治は、大半が謀略と殺戮に終始した。紀元前の時代から現代に至るまで、そうである。孔子が「義を好む」士の出ることをどれほど願っていたか、『論語』を読むたびに、改めてそのことに気づかされるのである。

聖徳太子は、「達《さと》れる者は少なし」と言ったが、当時の大和朝廷内も、謀略と殺戮のなかにあった。だから孔子と同じように、「義を好む」士を願うことには切なる思いがあった。そして「義」は、心に明らかに悟って納得されねば、ついに行われないことが痛感されていたのである。

太子は仏教の道理を精《くわ》しく学んだ者であった。シナ大陸からの渡来僧について仏道修行し、真意を悟ることの深い者だった。そのことは彼が遺した『三経義疏《さんぎょうぎしょ》』（『勝鬘経《しょうまんぎょう》』『法華経《ほけきょう》』『維摩経《ゆいまきょう》』を注釈したもの）を読むと、よく分かる。

現代の学者には、『三経義疏』は太子の著作ではない、大陸の学者が注釈したものを集めて、それに聖徳太子の名前を付けただけのものだという者もいる。長年『三経義疏』を研究してきた花山信勝《はなやましんしょう》氏（仏教学者。浄土真宗の僧侶）は、この書は間違いなく太子の著作だと、内外の多くの資料を挙げて論証している。それを読むと、私には疑う余地もないように見えるが、それでも日本人がこれほど優れたものを著わせるはずがないと思う学者たちもあって、未だにその真偽を疑う者が出ている。

知識を優先する者と体験を優先する者とは、会得の内容が根本的に違うのである。たいてい知識だけの者は、自ら論ずる内容の正当性を主張する言葉が豊富である。だが体験者は自らの体験の正当性を弁明する言葉が少ない。体験者は、実際に体験したことの要旨は、言葉に尽くせないことをよく知ってきた者だからである。

たとえば、宮本武蔵は江戸時代の初めに、『二天一流』という流派を開いた剣の達人である。

彼は晩年に『五輪書《ごりんのしょ》』を著わし、自ら生涯をかけて会得した剣の道理を、当時の言葉で分かり易く説こうとした。ところが現代にこの書を解説して出版する者は、生涯をかけて剣理を究明してきた者ではない。それればかりか、多くは江戸時代の古典文が読めるだけの学者が解説する。なかにはまれに現代剣道を学んだ者もあるが、実際の斬り合いのなかで剣理を体得してきた者ではない。武蔵は天下分け目の関ヶ原の戦いや、島原の乱に参戦して、かろうじて生き残ってきた者である。現代の解説者とは、体験がまったく違うのである。だから現代のわれわれが『五輪書』をどんなに理解しても、武蔵の説いた真意とはまったく異なるものと思わねばならぬ。

実体験を通して達した者と、知識だけで達した者とのあいだには、このように天地の隔たりがある。聖徳太子が「達《さと》れる者は少なし」と言ったのも、この隔たりを知った上での言葉だった。太子の『三経義疏』を子細に読めば、大乗仏教の法理をすっかり悟った上での解釈で一貫されている。太子以外の余人が説いた者でないことは、明白なのである。

疑いが去らねば安心もない

孔子と子張との問答にも、実際に体験した者と知識だけの者とのあいだの大きな隔《へだた》りがあった。われわれが「和するこころ」と聞いて、「そうそう、和することが一番大事なことだ」と安易に相槌《あいづち》を打つようなら、たいていは知識だけの者である。真実「和するこころ」を体験した者なら、むしろ安易に相槌が打てない。それが正しく体験されたことであればあるほど、伝えることの難しさに気づかされているからである。

こちらは正しく体験したと思っても、相手がそう信じてくれるか否かは分からない。たとえ同じ体験をした者同士であっても、個々の実感は異なってくる。まして体験したことのない者に、それが正しい体験だと信じてもらうことは、至難の業である。どうしたら、自分が直《じか》に体験したことを、人に正しく伝えられるのか。邪《よこしま》な宗教のように、騙したり洗脳したりして信じさせるのでは、正しく伝えたことにならない。

人と人との出会いのなかで、いかにして相手に自分のことを正しく信じてもらえるか。われわれにとって、この問題は大きい。お互いのあいだに絶対の疑いなき心がなければ、ほんとうには信じられないのである。お互いの「疑いなき心」で出会っていないと、いつも心に不安が生じてくる。つまり、それは自分の心の疑いが除かれていない証拠でもある。

私が学生のとき、「社会人になったら、法律を犯さないようにすることだ」と教えてくれた先輩がいた。彼は、「社会に出たら、成功者にならねばならぬ。そのためには少々悪いことをしてもよい（つまり、法律に反してもよい）。ただ見つからないようにしなければならない」と言った。社会に出てみて、先輩と同じように考える者の多いことに気づかされたが、少々悪いことを為すにも運不運があるようで、連日のニュースは見つかった人たちでいっぱいである。

自分のことが信じられないから、他人のことも信じられないでいる。そして、少々のことなら他人を騙してもかまわない。上手にやって、人に知られなければよいのだと思っている。それでいて自分だけは騙されないで、人に信じられたいと願っている。こんな人も、今は多い。

あるとき「民主主義は多数決だ」と説く学者の話を聞いたことがある。物事の善し悪しを決めるのに、多数が賛成したほうを正しいことにしてゆくものだという。多数決で六対四の賛否になったら、六のほうの意見が正しいこととして実行される。そこで、「四のほうの意見を主張した者はどうするのか。彼らも否決されるまでは自分たちの主張が正しいと思っていたでしょうに」と、訊いた人がいる。その学者はいとも簡単に答えた。「四のほうで負けた人は、次に多数決するときに勝てばよいのです」と。このように、正しいことを人数の多少で決めてよいなら、「疑いなき心」も必要ないのかも知れない。ただ多数決に負けたほうには、大きな疑いが残る。それこそが、つねに新たな争いを起こしている原因であろう。

私に正しいことでも、彼には悪いことがある。彼に正しいことが、私には悪いこともある。ほんとうに正しいことが何かは、なかなか明らかに言えないのである。また、われわれの知性は外から見えることは言葉にできても、見えない心を語ることは下手である。心の内なる本音ですら、よく伝えられないで苦しんでいる。不安な思いが止まないのも、見えない心が語れないからである。他人の心だけではない。一番は自分の心のことが見えない。それで自分のことも、心底から信じられないでいる。だから、他人のことが信じられないのは、むしろ当然なのである。

聖徳太子が「十七条憲法」の第十条で、「我は必ずしも聖《ひじり》に非ず。彼は必ずしも愚に非ず。共に是れ凡夫のみ。是非の理《ことわり》、誰かよく定むべし。相共に賢愚なること、鐶《かん》（鉄輪の持ち手）の端無きが如し」と言ったのも、自分も他人も信じられないでいるわれわれ凡夫のことである。

私心に背くことは難しい

「十七条憲法」の第十四条に曰く。

「群臣百僚は嫉《うらや》み妬《ねた》みの有ること無かれ。我すでに人を嫉むときは、人もまた我を嫉む。嫉み妬む患《うれ》いは、その極まるを知らず。所以《ゆえ》に智の己に勝《まさ》るときは、則ち悦《よろこ》ばず、才の己に優《すぐ》るときは則ち嫉妬する。是を以て、五百のすなわち今の賢に遇うとも、千載《せんざい》に以て一の聖《ひじり》を待つことは難い。それ賢《かしこ》き聖《ひじり》を得ざれば、何をもって国を治めんや」

（国の政治にたずさわっている大臣や官僚、役人たちは、嫉妬の心をもって人に対してはならない。すでに自分が嫉妬しているときは、人もまたこちらに嫉妬しているものである。嫉妬するという病《やまい》は、いつ止むか知れないような病なのだ。だから人が自分より智慧が勝っていると思うときは悦はず、人が己よりも才能が優れていると思うときは嫉妬している。

　人の心は多くがそのようだから、たとえ現在に五百人の賢人に会うことができたとしても、嫉妬心のないような聖人は、千年待っても得ることは難しい。しかし、そんな聖人を得ないで、どうして国を正しく治めることができようか。できはしないのだ」

　凡夫は、ともすれば嫉妬心を起こしてしまう。自分も他人も心から信じることができないから、いつも他と比べては自分の優劣をはかってしまう。しかし、そんな心情でしか世の中を見られない者が、国家のことに携わっているのは、危うくてしかたない。何とかして他人に嫉妬しないような者がなくてはならない。

　古代ギリシャの哲学者プラトン（紀元前四二七～三四七）は、『国家』という書を著わして、優れた哲人（哲学して自己を深めていった者）でなければ正しい政治が行われないと説いた。プラトンはその実現を目指して哲人養成の学校（アカデミア）を創設したが、結局失敗した。聖徳太子はプラトンより八百年以上も後の人だが、政治は聖人を待って為されねばならないことを願った。そのために、大臣たる者は私心を有《も》って政治を行ってはならない。必ず公《おおやけ》の心で行われねばならないと説いたのである。

「十七条憲法」の第十五条に曰く。

「私《わたくし》に背《そむ》いて公に向かうが、是れ臣の道なり。凡人は私が有って、必ず恨《うら》み有り憾《うら》み有りて、同じくすること非ず。同じくすること非ずば、則ち私を以て公を妨《さまた》ぐ。憾み起これば則ち制に違い、法を害《そこな》う。故に初めの章に云えり、上下和らぎ諧《ととの》うは、それまた是れ情《こころ》なるかなと」

〔私がという自己中心の私心に背いて、公《こう》のことに向かってゆくことが、為政者としての道である。凡人は私心があって、必ず人に対して恨んだり憎んだりの心があるから、人と同じ心で和することがない。この人と同じ心で和してゆくことができないなら、つまり自己優先の私心で公を妨げることになる。怨み心が生ずれば、国の制度にも違い、法を害することにもなる。しかし、第一章でも言ったように、上下が互いに和しあって、よく調えてゆくことは、われわれの本来の真情なのだ〕

嫉妬の心も、恨み辛み憎しみの心も、私心《ししん》から起こされたものである。私心はつねに我が利益を先にして、他を後にする心である。というよりも、他のことなど考慮したことがない心である。何を為すにも、即座に自分の損得を勘定して、己に得する方を選んでしまう。その選択が余りに素早いものだから、自分でもほとんど気づかないでいる。ただ無意識に選択しているように思うが、決して無意識ではない。ちゃんと意識して選んでいる。だから、自分の得にならぬと知れば、即座に拒否の思いが生じている。私心があるかぎり、公（大多数の利益を優先する政策）に背《そむ》こうとする心が起こるのは当然なのである。

みな「公のため」と思いながら、結局は私心のために尽くしている。庶民を代表して「公のため」をいうような者なら、いよいよ私心強き者である。そう公表すれば、自分が多数に賞賛されるだろうことを勘定に入れての言である。

内なるささやきの声

現代社会には、何百人、何千人、いや何万人もの賢人がいて、世界中で大活躍していると思う。だがそんななかで、内心に我がという私心の無い者が、どれほどあろうか。己の損得は針の先ほども思ったことがない、ただ公のためだけに働いているというような者が、一人でもあろうか。私は、そんな聖人はいないのだと思う。己の生きる充実が感じられないから、何か公のために尽くせば、己の人生が充実するように思っている。だから多くは、公を言いながら私のためにする者ばかりである。

現代の若者にも、「誰かのためになるような生き方をしたい」という人は多い。彼らもまた自分の生き方が分からないから、人のためになる生き方をすれば、生きる意味を見出せるかのように思っている。だが、何が人のためになることなのかを知っているわけではない。ただ、困っている人を助ければ、少しは己の人生が上等になるかのように予感されている。

実は人が心底から求めているものは、心が病んで苦しいとき、真実になって安心してゆくことのできる道である。「誰かのためになりたい」という思いも、ほんとうはこの道を求める心が起こさせている。我が心の苦しみを免れたいために、「誰かのためになる生き方」を求めているわけではない。人のためになる生き方をすれば、「我が心が真実になる、安心する」と、心のどこかでささやいている。それはまた、自己と他と「一如になれ」とささやいている声でもある。

実際、この声を聞く者は、幸いである。この声、真実「和するこころ」から生じたものだからである。だれでも本心のところでは、この声を確認したいがために生きている。われわれが公よりも私心を優先してしまうのも、実はこのささやく声に促されてのことである。私心を尽くして公と一如になろうとするこころがささやいている。聖徳太子が、「上下が互いに和しあって、よく調えてゆくことが、われわれの真情なのだ。是非とも和しあってゆかねばならない」と言ったのも、この声を聞いてきたことに拠る。

心の確かな拠り所を見出したい者は、まずは心の底まで下りてゆき、深く省みる必要がある。安易に求めても、見出し得ないのである。そのためには、一人孤独のなかに沈潜して、内なる魂の真実の声に耳を傾けてゆかねばならない。そこでは、初め、己が心の虚と実を見るだろう。真《まこと》と嘘と交々《こもごも》して少しも統一しない心に気づかされるだろう。しかしまた、どこかに安らぎの統一を願う心のあることも予感するだろう。心の不統一に気づく心は、先に統一の心が具っていなければ、生じるはずもない心だからである。

我が心のなかに、すでに他と統一しようとする心がある。だから、外にある物を五官（眼耳鼻舌身）に受けるたびに、その物を心のうちに統一させようとして止まない。統一できなければ、外の物が我が心に相反するばかりになって、生きることが苦しくて仕方なくなる。だから心は、つねに外の物と我が心とを、上手に統一させようとして働いている。そんな心の統一性があって、われわれの心の安らぎが呼び起こされてきた。

我欲の力で自己を安心させようとするときは、心の統一性に背こうとするときである。我欲の念は、我意（自己中心のエゴ）でもって、天意の真に反して、無理に自己の安心を獲得せんとする念である。だから、ともすれば自己分裂をきたそうとする。

「誰かのためになりたい」とささやく声は、実は他の者と我が心と一如になることで、我が心の安らぎを確認したい、統一性からの声でもある。

「互いに和しあって、よく調えてゆくことが、われわれの真情なのだ」と太子が説いたのも、そんな統一性を悟っての言葉である。まことに我が心の統一性（「和するこころ」）は天の真心で、われわれが存在するための根源の動機である。我が外のいかなる環境も、他人《ひと》のいかなる心情も、みな我が内なる統一性が働いて上手に和しあうことで、心を真実に為してきた。もしそうでないと思うなら、それは我が心の統一性に気づいていないからである。そんな者でも、自己の心の底をよく省れば、統一性のほうから「それは違うよ」とのささやき声が聞こえていたに違いない。

みな生まれて以来、ただ我と他とを「和するこころ」だけで自己になってきた。この心のほかに、持ってきたものはないのである。

第三章

不生でととのう

優れた師を求む

かつて江戸時代までの若者は、生きる意味を見出そうとするとき、まずは善き師を求めた。人生の真意を説いてくれる師を探しては、各地を歩き回ったのである。現代のように義務教育で、だれもが学校に行かねばならないという時代ではなかった。何かを学びたい者は、まずは善き師を選んで学びに行ったのである。

もっとも全国の諸藩にも藩校があって、武士の子供たちはそこで学んだが、なかには他藩に善き師がいると聞けば、自藩の許可を得て学びに行く者もあった。善き師について学べることは、学ぶ者にとっても大事な問題だった。

たとえば幕末のころには、新しく入ってきた西洋医学を学びたい者が幾人も出た。彼らは藩に申請して、許可が出ると長崎に遊学《ゆうがく》した。長崎にはオランダから来た西洋医学の医者がいたからである。備中（岡山市北部）足守藩の藩士、緒方洪庵《おがたこうあん》（一八一〇〜一八六三）もその一人で、長崎で学んだあと大阪に出て、後に「適塾《てきじゅく》」という医学塾を開いた。すると医学を志す全国の俊秀が集まった。現在はその地に、大阪大学の医学部が建っている。

「遊学《ゆうがく》」といい「遊行《ゆぎょう》」といい「遊山《ゆさん》」という。この語は、元は道（真実の生き方）に志す者が師を求めて旅することを意味した。今はただ遊ぶ意味だけになっている。昔の優れた若者たちは、「善き師に出会わねば、どうして生きることの真意を明らかにできようか」と思っていたのである。

戦前までの宗教寺院は、広大な仏閣のほかに山野田畑を資産として持っていた。檀家の多くは寺域内の田畑を耕したり、山の木々を刈ったりする小作人だったが、収穫の半分は寺院に納めなければならず、生活は貧しかった。これは世界中の寺院が、寺を維持するために用いてきた方法でもある。

ところが一九四五年、日本は戦争に敗れて連合軍の占領下に入った。日本を統治することになった米軍は、小作人制度を止めさせ、寺々の山野田畑を彼らに安く売り渡したのである。以後、小作人は田畑や土地を、個人のものとして所有することができるようになる。各寺院は自力で運営ができなくなり、小寺院は法要で多くの布施を要求するようになった。大寺院は観光料で収入を得ることになり、また広大な墓地を造営する寺も出てきた。檀家が一坪（畳二畳の広さ）ほどの地に先祖の墓を建てるにも、大金を支払わねばならなくなったのは、そんなわけである。だから今の日本人は、お寺で葬式や法要を行えば、法外なお金を「坊主から取られる」と思っている者が多い。

しかし宗教は本来、どの国の宗教であっても、人々の迷える心を救済する道を教えるものだった。だから真実の道を求める者は、ひたすらほんものの指導者を求めて遊行したのである。

昔の求道者《ぐどうしゃ》は、この世に生まれてただ生き死にしているだけで、生きる意味も何も知らないで在ることに堪えられなかった。医学の進歩した現代と違い、つねに目前に身近な人々の死を見てきたから、人生が無常なことは、直に肌身に感じてきた。死はいつ我が身に及ぶかも知れないと恐れてきた。だから、生きているあいだに真実安心する道を悟りたいと願った。真実の道は、宗教の教えのなかに示されている。そのことは、昔の人々には周知のことだった。宗教の法理を学び、その真意を悟れば、自《おのず》から真実安心の道を明らめることができよう。そう信じられてきたから、優れた師僧を求めて遊行することは、人生一番の大事だった。

今日まで遺る功徳

鎌倉南北朝時代に天竜寺（京都）の開山となった夢窓《むそう》国師（一二七五〜一三五一）は、寺に住むたびに修行僧が山ほど集まってくるので、何度も逃れて山中に隠れたという。だが、そのたびに探し出されて、また修行者でいっぱいになる。今のようにテレビもラジオも新聞も雑誌も無い、伝達手段のまったくない時代だったが、「優れた禅師」だという噂だけで全国から集まったのである。

今日、京都の天竜寺は庭園で知られ、観光客がたくさん集まる寺である。だが元は、国師の優れた悟りの境地を慕って修行者（雲水《うんすい》）が集まる、禅宗の修行専門道場だった。私がついた禅の師匠も、天竜寺僧堂で修行した方だった。その師がよく話したことに、戦前は百人近くの雲水がいて、托鉢で得る布施だけではまかないきれず、日々食べることに事欠く有り様だった。だから少しでも修行に中途半端な者は、即座に追い出された。

檀家に「会津の小鉄」の流れをくむヤクザの組があって、ある日その親分が、一度雲水修行の様子を見せてくれと言ってきた。そこで、ちょうど一週間の集中坐禅期間（接心《せっしん》という）で、終日坐禅しているときだったので、そっと傍《かたわ》らから見物させた。ところが、それを見た親分が腰を抜かしてしまった。そして「自分はヤクザの出入りで、何度も切った張ったの経験をしたが、今までにこんなに真剣な姿は見たことがない」と言った。私の師は、よくこの話をもち出しては、「どうだ、君たちの修行に、このときのような真剣さがあるかね」と言って、弟子たちの怠慢を責められた。

鎌倉時代に曹洞宗を開いた道元《どうげん》禅師（一二〇〇～一二五三）の『正法眼蔵随聞記』には、こんな話が載せられている。栄西《えいさい》禅師（日本臨済宗の開祖）が京都の建仁寺に住持していたとき、一人の貧乏人がやってきて、「我が家は大変貧しく、煮炊きする煙の絶えること幾日にも及んでいます。今はもう夫婦と子供と三人、ただ餓死するのを待つばかりです。何卒お慈悲をもって、お救い下さいませんでしょうか」と言う。

そのとき、寺の中には食べ物も衣服も財物も何もない状態だった。昔は建仁寺のような大寺でも、こんなことがよくあった。庶民からまったく布施を求めない住職もいて、修行僧が飢え死にするような貧乏寺もあった。栄西はどうして助けてやろうかと、あれこれ考えをめぐらせたが、何の方策もわかず、思慮も尽きてしまった。

そのとき、金持ちの檀信徒が寺に薬師如来像を寄進するというので、銅像建立のための銅材が少しばかり積んであった。栄西はそのことを想いだすと、自ら銅材を折り取って束ねると、この貧乏人に与えていった。「これを食物に代えて飢えをふせぐがよい」と。彼らは大変喜んで退出した。

ところが、それを見ていた弟子たちは、栄西を非難した。「これは正《まさ》に仏像の光背《こうはい》をなす物です。それを俗人に与えたりして、仏の物を私物化した罪をどうなされるつもりですか」と。栄西が言った。「まことにその通りだが、ただ仏の深い智慧の心を思えば、仏は衆生が苦しんでいるのを見れば、自身の肉体や手足を割《さ》いてでも施すだろう。今目前に餓死する衆生があるなら、私がたとえ仏の身体を丸ごと与えたとしても、仏の真意に適《かな》うことだろうよ」と。また更《さら》に言った。「私がこのことで罪を得て、地獄に堕ちる者になったとしても、ただ衆生の飢えは救ってゆくべきなのだ」と。

あるとき栄西の弟子たちが言った。「今の建仁寺は川原に近く、後代に大洪水があったりすれば、大難に遭うことでしょう。今から対策してゆく必要がありませんか」と。禅師は答えて言った。

「われわれ僧侶は、寺が亡くなることなど思ってはならない。西天《インド》の祇園精舎《ぎおんしょうじゃ》（お釈迦様の住んだ寺）も、今は礎《いしずえ》だけが遺っているというではないか。だからといって、寺院を建立したときの功徳が失われたわけではないだろう。また当時の弟子たちの一年、一年半の修行があったからこそ、今日まで仏教が伝わる縁となってきたのだ。それこそは莫大な功徳ではないか。このことを思えば、寺院を建立することはまことに一大事業で、未来の先まで災難がないことを思うが、心中に真実の道理を求める修行心こそ、まことの一大事業と思うべきなのだ」

人を導く師に、このように優れた志があったればこそ、修行者も全国に遊行して良師を尋ねて回ったのである。今の僧はどうであろうか。こんな師僧がいるだろうか。

腑に落ちないこと

江戸時代に盤珪《ばんけい》禅師（一六二二〜一六九三）という優れた師がいた。播州赤穂《ばんしゅうあこう》（現兵庫県）の生まれで、父は儒者だったが、盤珪が十一歳のときに亡くなった。二、三歳のときから死ぬことが怖くて、泣いたときも悪さをしたときも、人の死の事を言えば止めたという。幼児からわんぱく小僧だったと、自ら述懐しているが、神経質で多感な子供だったようだ。

当時の学問は儒教が中心で、勉強したい者は『論語』や『大学』『中庸』などの経典を学ぶことが流行していた。盤珪も十二歳のときから、先生について『大学』を学んだが、その巻頭に、「大学の道は明徳《めいとく》を明《あき》らめるにあり」という語がある。その意味が分からなくて先生に「明徳とはどのようなものですか」と問うた。しかしどの先生に問うても、語句の解釈はできても、ほんとうの意味はよく知らないという。ある儒者は、「そんな難しいことは、禅僧がよく知っているようだから、禅僧に問うてみよ」と言った。ところが近くに禅僧はいなくて、聞きようもない。何とかして「明徳」の真意を明らかにしたいと、そればかりを思っていた。どこかで説法があると聞けばすぐに出かけてゆき、かしこで講釈があると聞けば走って聴きに行ったが、まったく納得できず、あがいていた。

それでも、ある禅僧に参ずることができた。そこで「明徳とはどのようなものか」と問うたところ、禅僧は「坐禅したら、明徳が知られよう」と言う。そこで直ぐに坐禅にとりかかった。あそこの山に籠もっては、坐禅して七日間の断食修行をなし、こちらの岩山に登っては岩上に坐って、幾日も食事もしないで修行している。そんなことが何度もあった。

また京都五条の橋の下で乞食をしながら、坐禅修行すること四年。あるとき同じ乞食の一人が銭を失くし、盤珪が盗んだように疑われて、半死半生になるほど殴られたが、盤珪は叩かれるままになっていた。後に別の乞食が盗んだことが分かり、盤珪を拝んで詫びを言ったが、別に喜びもしなかったという。

後にこのことを想い出して、弟子たちに話した。「人からいかなる難題を受けても、自分さえ確かにしていれば、自然に事が知られてすむものだ。しいてこちらから言い訳する必要はないのだ」と。

その後も、神社の拝殿に籠もって、七日間も寝ないで断食修行をしたり、数カ月のあいだ川の中に立っていたり、吉野の山に籠もったりと、言い尽くせぬ苦行を重ねた。

心に少しでも「我《われ》が」の思いが残っている限り、純一《じゅんいつ》に工夫究明できないことは、真剣に修行する者なら、だれでも気づかされる。だから、身心を苦しめるあらゆる工夫はみな、今問うている疑問だけになりきって、その余の思いは一点も無きように問い続けてゆくためだった。そんな無心の修行を尽くしてゆけば、いつか明らかな答えが得られるように思われたからである。

盤珪が「明徳」の意味を明らめたいと願ったとき、自分と「明徳」とが二つ別々になって理解されている限り、ほんとうに知ったことにはならぬとの思いがあった。理屈で分かるようなことは、直《じか》に体験されたものではない。だから、どんなに他人に説かれても、心底から納得しない。どうしたら「明徳（明らかな徳）」と己自身とが違和感なく統一されて、心底から「腑に落ちる」ことになるのか。その実感が得られなくて、盤珪はまさに七転八倒の苦しみのなかにいた。

分かることと納得すること

私が思うに、物の真意が心底納得されるときは、その物自体に直に触れている。心に毛ほどの「我」と思う隙間がない。直に物自体になっていて、ふと我に返ったときに気づかされる。そんなとき思わず、ポンと膝を打って、「なんだ、そうだったか」と叫ぶ。胃の腑（腹）の底まで深く肯《うなず》いたときの一言である。必ず我と物が一つになって、直に我《われ》が物自体になっている。我と物と二つに分かれる以前のところで、ただ一如になっている。「我が」とか「物が」とかいう分別は、まだ意識されてない。我が物となり、物が我となっているのである。

たとえば自分が面白いと思いながら観る映画は、つねに我無くて映画と一つになっている。反対につまらない映画は、ともすれば椅子が硬かったり周囲の音が気になったり、時間が長かったりする。なかなか映画に集中できないのである。映画が面白いとき、われわれは話の内容と我とが別々になっていない。否、別々になっていないことにすら気づかないでいる。だからそこには、「我」がないのである。我という思いがわかないほどに、映画に成りきっているのである。

私も若いころ高倉健主演の映画を観て、外に出ると、まず煙草に火をつけた（そのころはまだ禁煙をしていなかった）。煙草を吸いながら、ふと周囲を見ると、コートの襟を立て、身体の向きをやや斜めにして、眉をしかめながら煙草を吸っている者が、二、三人いる。彼らも私と同じように高倉健になって、まだ自分に戻っていないのだった。

物の意味が分かったと思うときは、すでに直の体験から離れて見ている。まずは頭の中で物の内容が分別され、今の思いに必要な体験知だけが部分的に取捨選択され、その後でその物が分かったことにする。たとえば水の分子構造はH_2Oで、水素が2、酸素が1だと知る。これが分かるということである。しかし分子構造が分かったから、水のことをすべて知ったということにはならぬ。直に飲んでみて初めて、水の性質のことを知る。しかも水を飲んでも、人によって味わい方が違う。私が飲む水と彼が飲む水と、同じ水を飲んでも、そのときの心や体の状態によって味わい方も異なってくる。

戦争のとき軍艦に乗っていて、米軍の潜水艦に撃沈され、大半の兵士が死んだなかで、かろうじて生き残った人がいた。その人の話では、何十時間も重油の海に浮かんだあと、日本の救助艦が来てくれたという。艦の上から縄梯子《なわばしご》が下ろされ、生き残った兵士がそれに取り付いて上《のぼ》る。すると、「やっと助かった」との安心感が、今まで必死に保ってきた気力を削《そ》いで、上る途中で縄を放して海に落ちてしまう者が何人も出る。そして、落ちた者はもう二度と浮かんでこない。だから救助艦上の全兵士が船端に乗り出し、大声で「頑張れ、頑張れ」と叫んでくれる。力は尽き果て、何度も手を離したくなる誘惑を振り切り、「頑張れ」の大声に押されながら上って、やっと兵士たちが伸ばした手に触れると、一気に引き上げられて助けられた。「そのときに飲んだ、コップいっぱいの水の美味しかったことはなかった」と、彼はコップの水を飲むたびに、そのときのことを想い出すと話した。

何十時間も重油（破壊された軍艦から流出した大量の油）の海につかって、飲める水もなく喉は渇ききっている。艦艇が破壊されたときの木切れなどにつかまり、真っ黒な重油の中に浮かんでいると、途中で気力尽きた者が、一声「お母さん」と叫んで沈んでゆく。そんな兵士を幾人も見た。そんななかで、何とか助けられたから、最初に飲んだいっぱいの水は、彼には命の水と思われた。こんな水は、体験の無い者には知り得ない。命と水と一如になった、彼だけの水の味わいだった。

どうもわれわれは、我無くて物に成り切っているときにだけ、我の全存在に出会ってきた。物に夢中になって、思わず我を忘れているとき、かえって我を確かな者として自覚してきたのである。実際、我がないとき、われわれはいつも物と一如になってきた。さればこそ、日々に充実して生きる方法も、ほんとうはよく知ってきた。我無くて物に成り切っているとき、心底からの充実感があることをだれも知っているのである。知っていながら、人生に充実がなかなか得られないように思っているなら、それは意識上で我と物（外の世界）を二つに分けて、まったく別々なものに見ているからである。よく省みればよい。だれも物と出会った刹那の時は、いつも「我」を忘れて物と一如になっていた。そのことを忘れているからつい、不安が晴れないでいる。

我と物と一如になっている刹那は、我と物は別々のものでありながら、別々のものではない。ちゃんと互いに和し合って、少しも衝突しないでいる。それ故、かえって我の生きていることが確かに実感されている。重油の海から救出された人も、救けられた刹那に、水と自分と一つになっていたのである。

えらい無駄骨を折った

盤珪も「明徳」の意味と我が生きることの意味とが、別々に分かれて捉えられていた間は、生きることの真意も、遠く先の方にあるように感じられていた。だから、どうかして我と「明徳」と一如になる道を求めていた。

幾年か遍歴修行を重ねて苦しんできたあと、彼は何の所得もないままに、故郷の赤穂に帰ってきた。盤珪は以後、小庵を結んでその中に閉じ籠ってしまう。入口を土で塞《ふさ》ぎ、壁にお膳が出入りするだけの穴を開けて、食事は日に二度その穴から入れてもらった。大小便も内側から外の厠《かわや》へ流れるように拵《こしら》えたという。

そのなかで盤珪は、何日も不眠不休の坐禅をし、また念仏三昧の修行をやって、悪戦苦闘の日々を過ごしていた。もうここまでくると、あとは「明徳」自体から直接真意が開かれてくるのを待つしかない。だが、そんなことにも気づかないまま、空しく坐禅に明け暮れていた。もう少しだけ、熟す時が必要だったのである。

この小庵の中で一日一夜も横にならずに坐禅ばかりして数年を過ごしたと言うが、やがて尻の皮が破れて血が出るほどになった。それが痛くて「難義をした」と言う。しかし長年の身命を惜しまぬ修行は、ついに大病（結核）を患うことになる。病気はたんたん重くなり、身体も衰弱して、終《つい》には咳をすると、血痰が丸い塊《かたまり》になって出た。

周囲の者が「庵を出て養生せねばならぬ」と責めるので、外に出て養生したが、もう七日ほどは食事も喉を通らず、重湯《おもゆ》で何とかしのぐだけになった。

「明徳」は明らかな徳で、われわれを在らしめている、根本の徳性である。この徳の意味が心底から「腑に落ち」れば、だれでも存在することの真意を悟る。今までの迷い苦しみはすっかり晴れ、心底から安らぎの境地を得る。以後は日々好日に生きることができる。そんな徳性と思われていた。

『大学』の初めに、「大学の道は、明徳を明らめるにあり」と宣言されたのも、そのためである。『大学』とは、子供の学ぶ道ではない。大人の学ぶ道である。大人は、独りでも寂しくなくて生きられる者のことである。

いつも他人の価値観や評価に頼って、自分の考えがない。みんなと一緒に行うのでなければ不安で仕方なく、孤独でいることは寂しくて耐えられない。また自分の悩み苦しみは、すべて他人の所為《せい》にして、他人を責めることで慰められている。そのような者なら、彼は大人ではない。まだ幼稚な子供の甘え心で生きる者である。

大人は自己に責任を持って生きる者をいう。主体性をもって、人生が善くなるのも悪くなるのも、みな自己の責任として受けてゆく。だから大人は、もっとも明らかに徳性を知っている者でなくてはならなかった。徳性は、全人類に共通の「和するこころ」が、個々の上で主体的に働いているものだったからである。

盤珪はその主体的な徳性を、真実我に具わるものとして、眼で見るように実感したかった。しかし、何としても確かな実体がつかめない。食物が喉を通らなくなって七日にもなると、もはや死を覚悟するほかなかった。そのとき思ったことは、「やれまあ、是非もないことじゃが、別に心残りはほかにないが、ただ日頃の願いが成就しないで死ぬることかな」とばかり思っていた。

そんなある日、激しく咳き込んだ。その拍子に口から塊《かたまり》になって飛び出した血痰が、トンと壁に当たり、下に落ちてコロコロと転がる。それを見たとたん、「なんだ、一切の事は不生《ふしょう》で調《ととの》っていたではないか」と思い至った。そこでようやく、「このことを、今までよう知らんで、えらい無駄骨を折ったことかな」と、従来の非に気づかされたという。

以後、気持ちがはっきりして、嬉しくなった。食欲も出てきたから、人を呼んで「お粥を作ってくれ、食べたい」と言うと、「今まで死にかかっていた者が、不思議なことを言いだした」と喜んで、急いで拵《こしら》えてくれた。「まだ充分に煮え切らないのを、少しでも早くと思って食べさせたから、米粒がぼちつくような粥だったが、かまわずに二、三椀も食べた。それで腹を下すこともなく、それより段々に快方に向かって、今日まで命永らえていることでござる」とは、後の述懐である。

昔から「病は気から」といわれたが、盤珪はまさに、この言葉を証明したような者だった。その後、彼は七十一歳まで生きて、人生五十年といわれた時代に、長寿で終わったのである。

不生の仏心

さて、「明徳を明らかにする」ということと、「一切の事は不生で調っていた」ということと、どういう拘《かか》わりがあったのか。いったい「明徳」をどう納得したから、「不生で調う」という気づきがあったのか。そこのところを『盤珪禅師語録』の中から聞いてみたいと思う。

原文は江戸時代の言葉のままに記されている。同じ日本語といっても、現代人には分からぬ者も多いと思う。そこで、私が現代文に訳したもので紹介する。原文に直に触れたい者は、岩波文庫の『盤珪禅師語録』（鈴木大拙編校）を読まれるとよい。

だれも皆、親の産みつけて下さったものは、仏心一つだけです。その仏心とは、不生で霊明《れいみょう》なものに極まったものです（霊妙なる明らかな徳をもって、人々をだれも究極の真実な者となさしめているもの。生死にかかわらず、一切の者に及んでいて、ついに滅びることとなき明らかな徳だから、「仏心」といい「不生」と言った）。

人生万般にわたる一切の事は、不生の仏心で調ってゆきますぞ。仏典に「三世の諸仏とか歴代の祖師（全宇宙にいます無量の仏たち、釈尊以来の優れた祖師方）」とか呼ばれてきたものも、人が後からつけた呼び名で、尊い名前だといっても、不生の場からいえば、ずっと第二、第三の末のものです。

ただ不生のままでおれば、仏祖の根本におる者ですぞ。人々の仏心は、みな不生なものと決定《けつじょう》している。そのことを人も知らず、仏祖（正しく仏法を伝えてきた祖師方）も人に知らさずにきたのは、仏祖も他に伝えることができない仏心だということを、よく識《し》ってきたからです。この事実をよく決定さえしておれば、畳の上にいるままで、何の骨も折らず、だれもが活き如来《ほとけ》でおられるのです。

人々は皆、仏心を具えもって有るのに、そのことをご存じない。しかしご存じなくても、ちゃんと具わって有ることを、私がここで証明して聞かせましょう。

　されば仏心が有るとは、どのようなことかというに、この部屋（寺の本堂の部屋）に来られた方々はだれも、私の話を聴こうと覚悟されて家を出てこられた者でしょう。そこで、今私の説法を聴いておられるわけですが、そのとき、ふと寺の外で犬が鳴けば、犬の声と知り、カラスが鳴けば、カラスの声と知り、大人の声がすれば大人の声と知り、子供の声は子供の声と知られることでしょう。これはどなたも家々からこの寺に参詣しようと思われたとき、私の法談の途中に、外で犬の声やカラスの声や、大人や子供の声が聞こえたら、是非それも聴こうと覚悟してお出でになったわけではない。覚悟はしなかったけれども、部屋の外で犬やカラスや人の声がすれば、それを耳に聞かれた。赤や白の色があれば、眼はちゃんと赤白を違わずに見分け、香りがすれば、その善し悪しを嗅ぎ分けて間違えなくている。出かける前から覚悟（意識、自覚）していなければ、どうして物の声も色や香りも、知られようかと思うかも知れない。だが、そんな覚悟はしてこなかった。それなのに、ちゃんと間違いなく見て聞いて知るものが具わっている。それが「不生の気」というものです。

　たとえば、各々が聞かれた犬の声を（この場には数百人の聴聞者が集まっていた）、他の千万人の者が、今のは犬の声ではない、カラスの声だったと言ったとしても、納得できましょうか。なかなか人の言葉に惑わされはしないでしょう（聞こうと覚悟しないで来ても、正しく犬の声、カラスの声と聞き知り、赤白を見分けて知り、大人の声子供の声と知ったことは、他人の意見で変わったりするものではない）。このことこそは、だれにも霊明なる不生の仏心が具わっている証拠です。

ここに来られる前に、見よう聞こうとの覚悟がなくても、正しく見たり聞いたりしているものだから、不生という。不生だから、不滅《ふめつ》（その働きが滅びることがない）です。この働きは、生じることなく滅びることがなく、初めから各々の仏心として具わってきたものです。釈尊がおられたときより今に至るまで、仏心は不生不滅です。だから各々のうえにも仏心が具わって来た。その仏心が具わって有ることをよくご存じないことが、だれも日々に迷っておられる原因なのです。

母から産まれる前の自分

私が盤珪禅師の話を最初に読んだのは、大学生のときだった。まだ生きるとはどういうことかもまったく知らない、若造のときだった。旅館でアルバイトをして、仕事が終わった後、夜の風呂に入って仲間とバカ騒ぎしていたら、共に入浴していた泊まり客の一人が、「こんな若者たちでは、日本の将来は危うい」と言って嘆いた。そんな私だったが、盤珪禅師の言葉を読んで、何か「腑に落ちる」ものがあった。しかし、ほんのわずかな陰のような「腑に落ちる」萌《きざし》だったから、それがどういうものかも意識されないまま、忘れられていた。それでも心のどこかに、記憶は残っていたらしい。

あるとき、山田無文《むもん》禅師（一九〇〇～一九八八）の『白隠禅師坐禅和讃講話』（春秋社刊）を読んでいて、こんな話に出会った。それは香厳智閑《きょうげんちかん》というシナ唐代の禅僧の話だった。

香厳が潙山霊祐《いさんれいゆう》禅師（七七一～八五三）という和尚のところで修行していたある日のこと、潙山が訊いた。「わしは君がふだんから仏教の知識や解釈に詳しく、経巻《きょうかん》などの語句もたくさん記憶していると聞いている。だからそんなことは問わない。君が母の胎内を出てくる以前の、まだ西も東も分からない、何の知識も理解もなくていたときの、本来の君自身のことを、一つ言うてみよ。それが言えたなら、わしは君を悟った者と認めてやりたいのでな」と。香厳は茫然として答えることができなかった。

そこで久しく考えた後、答えを出してみた。だが何度答えを出しても、潙山はすぐに「そんなことではない」と否定する。香厳は行き詰まって、和尚に答えを教えてくれるように頼んだ。すると潙山は、「わしが答えたら、それはわしの見解で、それがどうして君自身の肝心な利益になるのかね」と答えた。

禅堂に戻ると、香厳は多くの経典や注釈書から答えを得ようと、ノートをさぐり、記憶を呼び起こして、さまざまに探しまわった。しかし、母の胎内を出る以前からの本来の自分自身を説いたような語句は、見出せない。ついに自ら嘆いて言った。

「絵に描いた餅では、腹を充たすことなどできなかったのだ」

そこで、今まで持ち歩いてきた書籍やノート類を、みな燃やしてしまった。

「生きて仏法の真意を学ばなければ、ただ無駄に長く粥飯《しゅくはん》（お粥とご飯）を食べて来ただけの僧で終わるだけではないか。何の精神の役に立てられようか」

香厳は泣きながらそういうと、ついに潙山のもとを去って行った。

こんな無能な者は、生きていても価値がない。どこか人に知られず、山にでも籠もって一生を終わろう。そう思って旅に出たが、やがて南陽の白涯山《はくがいさん》に、昔慧忠《えちゅう》国師という偉い禅僧が、四十年も隠栖《いんせい》していたという場所にたどり着いた。せめて優れた禅師の墓守でもして終わりたいと思ったのである。そこで毎日畑仕事や掃除などの作務《さむ》をしながら過ごしていた。

そんな日々であったが、それでも潙山に問われたことは、頭から離れない。一日、草取りをして集めたものを、竹藪に向かって投げた。ところが、なかに瓦礫《がれき》が混じっていたらしく、その一つが竹に当たって「カチーン」と音を立てた。とたんに香厳は笑いだした。母の胎内を出る以前からの本来の自分自身が、急に納得されたのである。

住んでいる庵に戻ると、沐浴《もくよく》（水風呂で身体を清めること）して袈裟をつけ、香を焚いて、はるかに潙山の方にむかって礼拝した。そして言った。

「和尚の大悲の恩は、父母を超えている。あのときもし私に答えを説かれていたなら、どうして今日の納得があっただろうか」

そこで一句の詩を作り、その悟りの境地を著した。

「たった一撃で、知ってきたことのすべてを忘れ去った。だからもう、修行して悟ることなど要《い》らない。動くたびに古仏の道をかかげて、少しも外れないでいる。どこに行こうと、至るところ跡も遺さない。物を見ても音を聞いても自在で、威儀や戒律の外にある。人がもしこのようなら、諸方の道に達した者もみな、彼を上々の働き者と言うだろうよ」（『景徳伝灯録』より）

以上の話を紹介したあと、山田無文禅師は、香厳が「カチーン」と音を聴いたところを、このように説かれた。

「どうしたことでしょう。その音を聴くと、香厳はとびあがるほど驚きました。そして、同時に止めようにも止められない笑いがこみ上げてきました。ああこれだった、これだった。お母さんのお胎《なか》を出ぬ先の自分、西も東もわからぬ先の自分はここにあった。今このカチッと鳴った音は、本でおぼえたのではない。人から聞いたのでもない。たしかにお母さんのお胎を出ぬ先、西も東もわからない先の、そのままの自分がうけとめたのだ。それは、まさに天地の開ける音だった」

私は下宿でこの本を読んでいたのだが、この言葉を読んだとたん、私の身体の中で「カチーン」と音が鳴ったような気がした。なんだか変だなと思いつつ外に出ると、見るものがみな、異なって見える。眼に入るあらゆる物が別物ではなく、私自身の分身と見えるのだ。「これはどうしたことだろう」と不審に思いつつ、歩いて学校まで行った。

当時通っていた大学は、下宿から歩いて十分ほどのところにあった。学内は七十年安保闘争で学生運動の盛んなときだった。その所為で、ともすれば授業も中止される。私は最初、学内にある学生寮に入って、規律ある生活を課せられながら学んでいた。ところが二年目になると、学生主導の自治にすべきという主張が通り、闘争学生の寮になった。すると、あっという間に汚れた宿舎になった。掃除をする者がなくなり、至るところゴミだらけになって、便所もひどく臭うようになる。私は寮を出て、下宿生活をすることになったから、闘争学生には批判的な気持ちが強かった。学校に行くと、そんな連中がウロウロしている。それを見て、また驚かされた。彼らもまた、一々が皆我が存在の分身としてある者で、私自身と別者ではなかったのである。私は、「これは大変なことになった。こんなすごい境地は無くしてはならぬぞ」と思ったが、そう思ったとたんに、この境地は消えてしまった。

初めは盤珪禅師の「不生」の話を読んで、わずかな影のような「腑に落ちる」萌《きざし》を得た。しかし萌したものは、すぐに記憶の底に忘れられてしまった。ところが一、二年後にまた、無文禅師の言葉を読んで、「カチーン」という音になって呼び出された。思わず我が「不生」の仏心に当たったのである。

善し悪しを投げ出してみれば

そのときから、私の世界を見る眼は、百八十度転換したことは確かだった。すでに従来とは異なる見方が始まっていたのである。ただ、私はまだそのことを、少しも意識していなかった。ひとつには、この体験がすぐに消えたこともある。また当時は何も知らない愚かな若造で、飲んだり食ったり遊んだりすることの方が楽しかったこともある。

その頃、友人に誘われて初めて坐禅会にも参加したが、脚の痛さをがまんするのがやっとという有り様で、とても坐禅したというようなものではなかった。

それでも大学を出るころになると、もう少し坐禅修行をやってみたいと思うようになった。いま思い返すと、やはり「不生」の萌しが心の底から芽吹こうとしていたのであろう。

私は禅道場に入門して、雲水（修行者）になった。消えてしまった体験の意味を、もっとよく知りたいと願ったからである。もっとも禅の師匠に私の体験を話したところ、「昼寝でもして夢でも見たのだろう」と言われて、相手にもされなかった。以来、数十年のあいだ、私の「不生」体験は、単なる錯覚だったのだと思ってきた。ところが、何年も坐禅工夫を重ねているうちに、少しずつ明らかにされてくるものがあった。

初めの「不生」体験から二十年以上も経ったときのこと。私は人に誘われて「インド仏跡巡りの旅」に参加した。平成二年（一九九〇）のことである。

仏教は今から二千六百年ほど前に、インドは釈迦族の族長の長子として生まれたゴータマ・シッダールタが創始した教えである。家を捨て、地位も財産も捨て（これを出家という）、山に籠もり、六、七年ものあいだ苦行の限りを尽くして修行した。その果てに、「苦行では決して心の安らぎは得られない」と気づいて下山した。以後、ネーランジャ河のほとりの大樹（後に菩提樹と呼ばれる樹）の下で坐禅した。そのとき初めて、だれもがみな仏の性質（仏性）を具えていることを悟られた。この悟り体験は、後にさまざまな方便で説かれることになったが、後世になってまとめられたものが、今に残る仏教経典である。

　ゴータマは、真実を悟って目覚めたものだというので、以後「仏陀《ブッダ》（目覚めた人という意味）」と尊称されるようになる。また釈尊（シャカ族から出た尊い方）ともお釈迦様とも称される。「仏教」は、「ブッダの教え」が約《つづ》まって呼ばれたものである。「インド仏跡巡りの旅」は、ブッダが各所で説法をされた遺跡（精舎《しょうじゃ》〈寺のこと〉）の跡や説法した場所）を巡るものだった。私はかなり興奮しながら参加した。山田無文禅師も仏跡巡拝の旅をされたとき、感激して歌を詠まれている。「大塔を仰げば涙しじに（止めどもなく）流るる」と。ブッダの悟った菩提樹のそばに、今は高く大きな塔が建っていて、そのなかでブッダのお悟りの心を偲ぶことができる。無文禅師も涙なくしては仰がれなかったのである。

　インドは初めての旅だったが、在家から仏教僧になった私には、お釈迦様の生まれ故郷として憧れの国だった。しかしバスの中から見る景色は、町も村もとても貧しく、紀元前の時代がそのまま現在に至ったかと思うような場所がほとんどで、驚かされた。もっとも日本の町並みしか知らない者が見ての感想である。世界には、これと似たようなところはたくさんある。後にはカルカッタで、現代の東京よりも立派な町並みに出会って、さらに驚かされた。

仏跡のある場所は、インドでも田舎の方で、それだけにバスも貧しい地域をたくさん通り抜ける。ほとんどが家も人も見えない広大な原野の連続である。そんななかを長時間バスに揺られていると、だんだんお釈迦様のすぐ近くに居るような気がしてくるのである。二千六百年以上も前に亡くなった方なのに、お釈迦様が今もどこかで、私と同じ空気を吸っておられるような思いがしてくる。私はひたすら心に「南無釈迦牟尼仏、南無釈迦牟尼仏」と称えていた。するとバスに乗っているというより、空中を飛んでいるような気持ちになってくる。

その日は、霊鷲山《りょうじゅせん》の麓《ふもと》にある宿に泊まった。前夜は十二時過ぎに着いたが、翌朝は四時前に起きて霊鷲山に登った。旅に参加した者の中で、二人が早起きして同行した。

霊鷲山はブッダがここに弟子たちを集めて、『法華経』を説いたことで知られる場所である。石の山道を登ってゆくと、頂上近くに鷲の形をした峰が見えるので、「霊鷲山」と呼ばれる。頂上は畳百畳ほどの平地になっていて、小さな石の祭壇が設けられている。そこで三人は、思い思いの場所に座を占めて坐禅した。周囲はまだ闇の中だったが、太陽が昇ってくるまで坐っているつもりだった。

私はもう、昨日からブッダがすぐそばにおられるような気になっている。だから大尊師の前で坐禅の試験を受けているような気持ちになった。「下手な坐禅をしてはならぬぞ。最高の坐禅をしてみせねばならぬ」と勢い込んで坐っていた。ところが、少しも集中できないのである。雑念が次から次と湧いてきて、とても合格するような坐禅ができない。焦《あせ》っていると、ふと心中に「バカだな、どんなに上等な坐禅を見せようとしても、ブッダが私の未熟さに気づかないはずがない。すっかり見破られているぞ」という思いが湧いてきた。「己の未熟をごまかしたってだめだ。未熟は未熟なままで見てもらうしかない」そう気づいて、以後は「長年坐禅修行したといっても、この程度の者です。どうか未熟な私をご覧下さい」と、己の善し悪しを丸投げにして坐禅した。

この気づきもまた、「不生」から呼び起こされたものだった。そのことは、後になって改めて気づかされた。

やがて東のほうから日が昇ってきた。立ち上がって周囲を見回すと、眼下はすべて広大な原野である。そう思いながら眺めていると、そうではなかった。原野と見えていたものは、森林の木々の頭先だったのである。眼下に森林が広がっていて、その彼方から太陽が登ってくる、すばらしい景色だった。

己の今在るすべてを、何も隠さずさらけ出しても、太陽の下では何の支障もなかった。坐禅の内容が善かろうと悪かろうと、太陽の光は惜しみなく照らして、一切の人々が平等にその光を受けている。これまた「不生」の霊妙なる働きによるものだった。

潙山が香厳に、「君が母の胎内を出てくる以前の、本来の君自身のことを言うてみよ」と問うた。このとき霊潙山頂で太陽に照らされていたときの私は、実に潙山が問うた「未だ母の胎内を出る以前」の私自身だった。

親の産みつけた妙用

私は二十代の初めの、まだ人生の意味も何も知らないとき、たまたま『盤珪禅師語録』と『山田無文禅師講話』を読んだ。また、特別に坐禅修行をした者でもなかった。それでも盤珪禅師の「不生」の話に、「ハッ」とさせられた。そして意識のどこかで、小さな「腑に落ちる」萌しが生まれた。それだけである。萌しといっても、その後はすっかり忘れていたようなものである。それでも縁に触れると、すぐに呼び起こされた。

このことは、盤珪禅師の言う「不生の仏心」が、修行した者だけが悟る特殊な境地ではなく、だれにも及んでいることの証《あかし》である。

いまひとつ禅師の言葉を紹介してみよう。前と同じく、私が現代文に訳したものである。

ある僧が質問した。

「私は生まれつき短気で、師匠からもしょっちゅう意見されるのですが、直りません。私もこれは悪いことだと思い、何とか直そうとするのですが、これが生まれつきな者ですから、直りません。どうしたら直りましょうか。禅師のお示しを受けて、もし直りましたなら、師匠にも喜ばれ、私が一生の誉れともなりましょう。なにとぞお示し下さいますよう」

禅師が言った。

「そなたは面白い者に生まれついたの。今もここに短気があるかね。あらば、只今ここに出しなさい。直してやろうと思うのでな」

僧が言う。

「いや、只今はありませんが、何かのときに、ひょっと短気が出るのです」

禅師が言った。

「それなら、短気は生まれつきのものではない。何かの縁（状況）次第で出るようなものなら、そなたがひょっと出しているものじゃ。何かのときにも、自分が出そうとせねば、どこに短気があるものかね。そなたが我が身かわいさの身贔屓《みびいき》ゆえに、相手の言うことに反発しては、自分の思惑《おもわく》を立てたがるから、腹も立つのじゃ。そなたが自分で短気を出しているくせに、生まれつきなどというのは、難題を親の所為《せい》にする大不孝者というものだ。

人々みな親から産み付けて与えられたものは、仏心ひとつで、他のものはひとつも産み付けられてはおらぬ。すべての迷いは我が身かわいさの身贔屓のゆえに、自分で出しているのじゃ。それを生まれつきなどと思うのは、愚かなことだ。自分が出さぬなら、どこに短気があろうかね。

すべての迷いもみなこれと同じことで、自分が迷わぬなら、迷いも何もありはしませぬわい。それを過って、生まれつきでもないものを、みな我欲で迷わせ、我が気分で短気を起こさせ、自分で出したクセを生まれつきと思う。だから一切のことに、いつも迷わずにはおられない。どれほど迷いが尊いか知らぬが、己の仏心に代えても迷わねばならぬものですかな。

みな我が仏心の尊さ一つで済んでいると知れば、迷いたくても迷わないでいるものが仏で、迷わないでいるのが悟りというものです。その他に仏はありませんわい」

この世に生まれ出た始めには、われわれが世の中に生きるための知恵は、まだ何も得ていない。だから生まれてすぐには、身心に触れてくる未知の世界にとまどって、大いに抵抗する。赤ん坊が「オギャーオギャー」と泣くのは、世界と自分とが調和しないことに苦しんで、抵抗しているのである。

だれでも一度も経験のないことに出会うと、困惑する。どう対処してよいかも分からないから、狼狽して心の居場所も見失う。それでも、すでに何年か世の中で過ごしてきた者なら、やがて今まで積んできた過去の経験知のなかから未知の経験と似たような例を探し出す。そして未知と既知の関係を上手に調和させようとする。未知の経験と自分とのあいだが不調和なままでいることが、一番われわれを苦しめることだからである。

生まれたばかりの赤ん坊は、人間界のことはまだ体験したことがない。だから未知のまえでは、ただ抵抗して泣くほかない。しかし、われわれに具わる霊妙な心の働きは、どんな未知なことも、実に上手に取り入れて、違和感なきように調えてゆく。しかも出会った世界のすべてを、丸ごと取り入れるわけではない。己に善きものは取り入れ、悪しきものは除く。その取捨選択のありように、善は喜ぶが悪は憎むというような偏《かたよ》りはない。善にも偏らぬが、悪にも偏らない。その時々の必要に応じて、善にもなり悪にもなって自在である。だからそのように働くものを、盤珪は「霊妙なる仏心」と呼んだのである。一切未知の世界を、微妙に自己の内に統一させ、調和させては、かえって自己を確かに在る者として自覚させてゆく。こんな働きようは、人為のはからいを超えた妙なる霊的な働きと見るほかにない。だから、そう呼んだ。

生まれたときすでに、だれもがこの霊妙さを具えてきたものである。だからこそ、地球は決して人に優しい環境ではないが、みな今日まで何とか無事に生き永らえてきた。無論、こんな霊妙な働きは、自分の力で創造したものではない。初めから親の産み付けた「不生の仏心」によるものと知る他にないのである。

だれも具えている心

若いころ（半世紀以上も前である）、私の修行する禅道場に、群馬県の食肉会社の従業員が坐禅研修に来たことがある。二泊三日の研修で、毎回従業員が二十人ほどやって来ては、代わる代わる坐禅修行をしてゆく。当時「禅ブーム」といわれ、全国の会社員が各所の禅寺で坐禅研修をさせられていた。坐禅すると会社員のやる気が上がり、経営も上向くかのように思われていたのである。私もそんな坐禅指導の片棒を担いで、得意になっていたころであった。

そのとき、ちょうど寺の畑ではジャガイモの収穫期で、雲水（修行僧）が毎日ジャガイモ掘りをしていた。掘った芋は何キロかに分けて保存する。そのとき研修中の会社員にも手伝ってもらった。ジャガイモを籠に入れ、決めた分量のキロ数をはかる。雲水は籠を秤に載せてはかるが、食肉会社の社員たちは秤に載せない。両手で籠を持ち上げて重さ加減を感じながら、決めたキロ数にしてしまう。それが少しも間違えない。キロ数を変えて、「今度は何キロにしてください」と言うと、やはり体の感覚だけで言われた通りのキロ数にする。

私が「どうしてそんなことができるのか」と訊くと、「長年肉を量っているうちに、秤がなくても重さが分かるようになった」と言った。

後に、コンピューターで管理しながら酒造りをする機械を販売していた人に聞いた。「どんなに精巧な機械を作っても、杜氏《とうじ》の感性には及ばない」と。自然の環境は年々に変化して、同じ状態になることがない。そのたびに水の温度や湿度も違ってくるから、酒米《さかまい》の仕込み方も変えなければならない。米の蒸し加減や麹の加え時、蒸した米の混ぜ時、寝かせ時等々、微妙に変えながら造る。その微妙な配分が、コンピューターではできないと言う。ほんとうに旨い酒を造ろうとすれば、やはり長年酒造りしてきた杜氏の直感に頼るほかないのだと。

鉄を溶かして鋳型《いがた》に入れ、まだ真っ赤なうちに水中に入れると、冷めたとき固い鉄になっている。早く入れすぎると固過ぎる鉄になり、ゆっくり冷ますと曲がりやすい柔《やわ》な鉄になる。その入れ時が難しいと聞いたことがある。親方が弟子に「赤色が朱色に変わったとき水に入れろ」と教える。その朱色になる時が、なかなか見分けられない。親方に

「今だボヤッとするな」と怒鳴られても、「まだ真っ赤じゃないか」と見てしまう。いつが朱色に変わったときか、初めはまったく判別できない。それが修行しているうちに、段々朱色になる瞬間が見えてくるようになるという。

私も禅の師匠に書道を習った。弟子たちはみな同じ紙に、同じ墨と筆で、同じ字を書いて練習する。そして一週間に一回は、必ず清書して壁に掛ける。すると師匠が、それを見ながら批評する。「この書は墨気《ぼっき》（字の気合い）が生きていない。死んでいる」「この墨の色は茶色だ」「この線は澄んでない、濁っている」等々。ときには「こんな字を書いていると、人に騙されて終わるぞ」とか、「もう少しおおらかに生きなさい」とか、個々の性格の違いまで批評する。

私から見れば、まったく同じ墨の色にしか見えないのに、どうしてそんな風に見分けられるのか。「色が茶色？　何を言われるのか、墨の色は黒色でしょうに」と思ってしまう。不思議で仕方なかったが、師曰く、「ほんとうに善い作品を見続けていると、君もいつか分かるようなる」と。そうか知らんと、なかば疑っていたが、師の言葉はほんとうだった。私も今は墨色の違いや気合いの有無が見えるようになった。

こんな体験は、昔の職人たちには当たり前のことで、どこでも似たような話が山ほどあった。というより、このような体験がなくて、専門家と認められることはなかったのである。今になって思えば、これらの体験もみな、「不生の仏心」に拠るものだった。「不生の仏心」は、自分に相対するものを己に統一させることで、己を全き無に為し、そこにかえって自己の真《まこと》を尽くさせてゆく心である。つまり自他を「和するこころ」で、人々を仏の心になしてゆく。それが、「不生の仏心」である。

われわれは一般に、自分が思うことで我が生きてきたように思う。いつも思いが先に生じて、その後で行動が起こされたように思っている。ところが、実際はそうではない。まず先に行動があって、その後で思いが生じたのである。思いはいつも、すでに過去になった経験を振り返ってみようとするとき、生じる。振り返ってみようとしないときは、思いも生じないのである。

そんなことはない。自分は少しも願わないのに、勝手にさまざまな思いが湧いてくるから困っている。そのために心が苦しくて仕方ないと、そう思っている人は多い。さまざまな思いが勝手に生じてくるから､苦しんでいる。我が心なのに少しも自由にならず、いつも思いたくもない思いに引きずり回されて、迷ってばかりいる。こんな迷い心に悩まされ続けて、もう疲れ切って死にたくなっている者もある。物事を意識上で確認したい思いが、つねに体験の直後に生じては、心を迷わせている。

思いは、我がここに在ることを確認するために生じさせている。だから己を確認する必要のないときは、われわれは思いがなくても済んでいるのである。むしろ思いがないときの方が、かえって生き生きと充実してきた。実は一日のうちで、そんなときがほとんどだったのである。思いが生じていないときの方が大半で、思いが生じているときは、ほんの一時に過ぎないのだった。そして思いの生じている一時だけ、「我」のあることに気づかされてきた。だから当然のことだが、思っていないときの「我」には、まったく気づかないでいる。

思いは、まず物事を見て聞いて行動してから、その後に生じている。体験を知性上で情報化しようとするとき、初めて思いになっている。しかし情報化したときは、すでに体験したことを過去の経験として見ている。我と体験と二つに分けた後で見ているのである。即今、ただ今の直接体験をしている刹那には、体験はまだ過去になっていない。二つに分かれない以前のところにあって、我と体験と一如になっている。一切が「和するこころ」のうちで統一されている。

盤珪禅師は、この一如になっているときの心が、われわれ本来の心と気づいて、「不生の仏心」と呼んだ。この心に気づいた者は、だれでも日々の一切がただ「不生」で調っていることを見るほかにないのである。

第四章

「真空」作用に由って在る

始めに「絶対真空」あり

風が吹くのは、空気の温度差による。空気は温度が冷たいときは重くなり、温かいときは軽くなる。重い物は下に沈もうとし、軽い物は上に昇ろうとする。太陽の熱で地上の空気が温められると上昇し、冷たい空気は沈む。

空気の温度は場所によって異なる。日当たりの良いところと悪いところでは、大分に違う。南側よりも北側の方が温度は低く、山陰や建物の陰、海や川の上でも他の場所より低くなる。高いところと低いところ、家の中と外でも差が出る。大きな範囲でいえば、地球上の緯度の違いが自然環境に作用して、それぞれの温度差で異なった風土を為してきた。太陽と地球との距離の差が地域の温度差を大きく左右してきたのである。だから風の吹き方も、場所によってみな異なる。身近では、我が無相庵の北側と南側とでも吹き方が違う。近くの山や周囲の建物などの影響を受けるのである。

さて、空気が温かくなって上昇すると、そこには必ず風が起こる。そのわけは、温かくされた空気の上昇で、今まで空気のあった場所が急に空っぽになる、否《いや》、空っぽにされそうになる。すると即座に、そこへ他処から冷えた重い空気が流れ込んでくる。地球上では、一瞬も真空状態を保つことができないから、暖気が去ると即座に冷たい空気が入り込んで間を埋める。決してその場所を真空にさせないのである。この暖気と冷えた空気との瞬間の空気変換が、すなわち風である。

ついでにいえば、上昇した暖かい空気が天の高所に至ると、今度は厳寒の大気に冷却され、雲になる。暖かいところから寒いところに出ると、急にメガネが曇るように、空の高所でも同じ現象がおこる。それを地上から見上げて「雲」といい、平地に漂っていれば「霧」と言い、高山の頂上にあれば、「ガス」と言う。みな呼び方は異なるが、温かい空気が急に冷たい空気に触れて生じた現象である。

ともあれ、この地球上の自然界に真空の場所はどこにもない。もし真空の場所が一瞬でもあれば、自然はそれを決して許さない。刹那に実有（実在の物）でもって埋め尽くそうとする。もしそれでも真空の場所があるとするなら、人工的に作られた場所のほかにはない。もっとも、どんなに真空状態を作っても、地球上で人工的に作られた真空は、宇宙空間の真空とはまったく異なるものだという。

しかし、真空は見たり捉えたりすることができないから、真空というのである。見たり捉えたりできるものは、どんなに微小なものでも、必ず何かの相《そう》（姿かたち）を持っている。ほんとうの「真空」には、いかなる相も無い。否、いかなる相も無いということすら、「真空」には無い。われわれの思慮分別のついに及び得ない空っぽである。初めから存在するということがないから、あらゆる存在するものの埒外《らちがい》にある。だから、どんなに「真空」状態を想像しても、想ってみたものは、ついに「真空」と無縁である。ほんとうの「真空」とは、実にそのようである。

この事実は、つねに物を見たり捉えたりしながら生きているわれわれには、なかなか理解できない。真空を思うときは、どうしても真空の反対、何か真空ではない状態の物を想定して思ってしまうのである。

どんな物も相対的にみて捉えようとするのが、われわれの認識の習性である。見ても聞いても、見た物、聞いた物の反対のことが想定されないと、その物を確認できない。反対のない絶対的な物は、ついに捉えることができないのである。

たとえば「赤色」を「赤色」と認識するときは、必ず先に、意識のうちで赤色以外の色が想定されている。だから「この色は赤色だ」と知ることができる。「大きな音を聞いた」と思うときは、そこに小さな音のあることが想定されている。必ず相対《あいたい》する物が先に想定されて、今ある物が認識されてゆく。物を知るときは、つねにその物に相対する物が、すでに予感されているのである。

故にわれわれは、また物自体を直《じか》に絶対の場で捉えたことがない。われわれが知る物は、みな知性上で相対的に捉えた仮の物で、直に捉えた実物ではないのである。「真空」を思うときも、同様である。実の「真空」ではなく、知性上で「実有」の反対のものとして想定された「真空」を思ってしまうのである。

実際の「真空」は「絶対真空」である。相対するものがどこにもない。ないから、実は「真空」ということもできない。しかし、そういう「真空」だからこそ、全宇宙の一切の現象、事象、すなわち万象を、つねに真実に成さしめている。存在の根源に「絶対真空」があるからこそ、万象がつねに新たに創造されて止まないでいる。まあ、そういう他にないのである。空っぽの器なら、何でも入れたり出したりすることができる。実際の「真空」にも、ちょっとそんな「空っぽ」がある。

しかし、このような根源的な「絶対真空」に拠らねば、われわれは刹那も生きられないできたのである。香厳《きょうげん》が竹に瓦が当たった音を聴いて悟ったのも、盤珪《ばんけい》が血痰の転がるのを見て「明徳」を明らめたのも、みなこの「絶対真空」に気づかされたことに拠る。

脚下を看よ

「絶対真空」という一切の相対を超えた、真に空っぽなことが、どうして一切を創造する力になってゆくのか。私はここで、その理由《わけ》を明かそうと思う。言葉にすると、もう実体があるかのように想像してしまうわれわれである。だから説くことはなかなか難しい。「絶対真空」を説くことが難しいのではない。人の考え方に合わせて説かねばならぬところが難しい。それ故、比喩《ひゆ》や譬え話をもって述べざるを得ない。説く者の拙きところは、読者の方々の良智《りょうち》（初めから具え持ってきた善き智慧）をもって、真意を察してもらいたいと願う。

先に風の生じるわけを述べた。空気が温められ軽くなって上昇すると、その場所が真空になろうとする。その刹那に他の冷たい空気が入り込んできて風になると言った。だから風が吹くときには、すでに「真空」は冷たい空気で埋められている。「真空」自体を実際に見ることはできない。見ることはできないが、そこに「真空」が作用したことだけは事実である。われわれはその事実を、風が吹くことで暗に察するばかりである。

この事実は、単に風のことだけではない。鏡に物が映るときも同じ「真空」作用がある。われわれは物が映っているときの鏡を見ることはできても、物が映らないときの鏡の本体を見ることはできない。もし鏡の本体を直《じか》に見ようと欲すれば、何も映っていないときの鏡に出会うしかないのである。だが、それは不可能である。出会うときはいつも、何か他の物が映っているからである。されば鏡の本体に出会うことは、何も映っていない闇のなかで出会うしかない。無論、闇のなかでは何も見えないから、鏡が在ることすら分からない。つまり鏡の本体は、それがあるから物を映すことができているのに、本体の実際は決して見られない。何か見られない物がどこかに有るからではない。かえって実体のような物が何もないからこそ他を正しく映すことができている。本体が実体を見せない空っぽ（「真空」）であることで、かえって鏡としての映す働きを充分に為さしめている。温度差に従って風を起こさせるのも、鏡が自在に物を映すことができるのも、どちらも同じく、本源の「真空」に与《あずか》ってのものである。

われわれが存在するところにも、同じ働きがある。われわれもまた、自分の本性《ほんしょう》（存在させている主体）は直に認識できない。認識するときは鏡に物を映して見るように、心に他の物を反映させて見るほかにない。他の物を受けることで、かえってそこに、受けている本性の働きも予感してゆく。だからもし、直に自分を確認したという者があるなら、その者は実の自分を確認したのではなく、心に受けた物を通して見た、仮の自分を確認したのである。

実の自己を直に確認しようと願うなら、主体の本性そのものに直に接して見るほかないが、それは不可能である。鏡の本体が見られないように、われわれの本性自体も見たり捉えたりすることができない。鏡に映る物を通して鏡の本体のあることを予感するように、心に受けた物を通して、暗に自己の本性のあることを予感するほかにないのである。

われわれが「自分探しの旅」というのも、この暗に予感してきた心の本性を、実際に目に見えるように確認したいとの思いが、言わせたものである。目で見て確かめられないから、自分の本性（心）が見失われているように感じて、つい不安になっている。だが見失っているわけではない。「真空」と同じように、直に接して働いているが故に、取り出して見て捉えられないだけである。

「真空」が風を生じさせる原因なのに、その「真空」は捉えられない。鏡は物を映すのに、その鏡の本体は見られない。心に思うことはできるのに、心を思わせている主体の本性は知ることができない。すべて他の物を通して、その在ることを予感しているほかにない。われわれが、どんなに懸命に生きたように思っても、まだ充分ではないように感じてしまうのは、この故である。いつも何か大事なものを忘れてきたように感じてしまうのも、そうである。みな本性自体に直に出会えないことで、いつも何かの不足を感じている。他の物を通してしか自己が確認されないから、つねに己の人生感に、隔靴掻痒《かっかそうよう》（靴の外から脚のかゆさを掻くようなもどかしさ）の感を抱くのである。

古来、禅者が「脚下《きゃっか》を照顧《しょうこ》せよ」と言ったのは、外から入ってくる物や情報に頼らず、まずは「己の足下《あしもと》をよく照らし見て、心の本性に直接してみよ」との意である。しかし、「脚下を照顧せよ」と言われても、どのように顧みるのか。たとえよく照らし見たところで、すぐに主体から離れた仮の自己を確認したことにならないのか。

実は、われわれが他の物を通して自己確認しようとしてきたのは、それが我が心の本性に接するための一番の近道だったからでもある。「真空」は風の吹くことでしか予感されない。鏡の本体も物を映すことでしか暗示されない。我が心の本性も、物を通してしか直観されない。それは物自体が、自ずからの本体（本性）の在ることを気づかせようとして、かえって物に託して現わそうとしているのだともいえる。

「真空」が風になるのは、風の本性である「真空」自体が風を呼んだのだ。鏡に物が映るのは、鏡の本体が物を呼び寄せたからだ。われわれが自分探しをしたくなるのも、本性自体が見つけられることを欲して呼んでいる。一方からの働きだけで我になってきたのではない。我が内なる本性と我の外から入ってきた物と、お互いが共に呼び合うことで、今ここに我となって現れてきた。だから一方だけを探しても、我の真実は見出せないのである。両方から照らし合って顧みる必要がある。「脚下を照顧せよ」とは、そういう意味である。

鵜呑みにしては危うい

古来、本性に直接することで我が真実を見出した者は、だれも初めに、我が心は物を通して見た仮のものだと気づかされてきた。だから、その仮の心が、どんな理由で生じてきたかを追求することから始めたのである。

われわれは今日まで、計り知れない膨大な有縁無縁の縁に与って、個々になってきた者である。只今も、地球上の空気や水の縁を受けないでは、一瞬も生きられないでいる。だから、もし他と我とはまったく無縁の者で、別々の者だと主張する者があれば、その者はひどい錯覚をしていることになる。我は他の物の縁に拠らないで生きられたことは、刹那もなかった。つまり我と他の物は、つねに互いに一体になることで成り立ってきた。これが存在することの一番の事実である。

しかしこの事実、実はうっかり納得して終わってはならない問題でもある。よく考えてみる者なら、もし自己と他と一体になることで成り立っているなら、なぜ現実には個々にみな異なった姿かたちをもって現れるのかと疑うことだろう。実にその通りで、このことが明確にされなくては、どんな見方も誤ってしまう。この事実は、現実の差別世界の中で充分に点検された上で、正しく納得されねばならない。そうでなくては、かえって人を損なう危険が生じてしまう。現代も安易に納得して、かえって危険な状態を招いていることは多いのである。

たとえば平等という概念である。人はみな平等でなくてはならぬと信じて、どんなことも平等に行われることを優先してきた結果、かえってひどい差別が生じていることがある。目に見えるところは平等でも、見えない反対のところでは、つねに差別が想定されているからである。

以前、ある高校の先生だった人に聞いたことがある。学校での生徒間のいじめを、先生が知らないことはないと言うのだ。大抵はそういうことがあるかなと察している。だができるだけ、気づかなかったことにしておくのだという。これは私が、「子供同士のいじめを、先生が気づかなかったといい、人々の前で謝罪して見せるのはおかしい」と言ったときの返事である。

私の子供時代には、いじめは先生の見えないところでやるものだった。私はいじめられる方だったから、それはよく知ってきた。たくさんの生徒がいるのに、そのなかで一部の生徒のいじめを見つけることなど、先生には至難の業《わざ》である。むしろ親が気づかねばならぬ。我が子の表情を観て異変に気づかないようなら、それは親ではないと思っていたのである。私の親などは気づいて、先生やいじめ相手の親に文句を言いに行った。

すると次の日から、「お前が先生や親に告げ口したから、われわれが怒られた」と言って、もっといじめられた。だから、いじめられた子は誰にも言わず、じっと我慢して、大人になるときをひたすら待ったものである。

現代の子供も同じだろうと思っていたら、半世紀以上も前の私の時代とは違っていた。今は生徒も少なく先生の目も届きやすいのだという。だからいじめられていることは、だいたいわかっている。ただそれを表沙汰《おもてざた》にすると、そのときから学校中の大問題になり、その対策のために先生方が連日奔走することになる。これは大変なことで、いじめの専門家でもない普通の先生方は、対策会議の連続で疲れ果ててしまうのである。

私が通った大学でも同様なことがあった。誰かが差別的な言葉をトイレに書いたことで大問題になったのである。大学の教育方針に差別があるからだと、色んな「差別をなくす会」の人々がやって来て、連日会議を開かせては、遅くまで学校側の非を責めた。学長や教授たちに一番の責任があるというので、「子供たちの心から差別をなくすには、どう教育方針を改善するのか」と質《ただ》された。しかし教授たちは、学問分野の専門家であっても、差別解決の専門家ではない。また年老いた教授も多く、皆疲れ果ててしまった。結局は明確な結論が出ないままに、曖昧な共同声明を出して終わったのである。

現実はこんな状況が大半だろうと思う。いじめや差別発言があって、そのことは知っていても、できるだけ気づかなかったことにしている。親からすれば、そんな無責任なことがあろうかと、腹の立つことだろう。特にいじめられて自殺した子供の親の悲痛は、見るも無惨である。

私も以前、知人の子供が自殺して葬式を頼まれたことがあるが、実に辛いものだった。その知人とは数十年後に、偶然新幹線の駅頭で出会ったが、いよいよ憔悴《しょうすい》している様子には、言葉もなかった。子供はどんな苦しいことがあっても、決して自殺などしてはならないと痛感させられたものである。

なぜ人は弱い者をいじめようとするのか。なぜ人は自殺しようとするのか。この問題は簡単ではない。心底に不安や寂しさや怖れや怒りなどがあって、存在自体の根源にかかわった大問題である。しかも、それが生じる原因は、人によってみな異なる。不安の原因が多様ならば、それを解消する方法も多様である。心理学や哲学や宗教からの深い洞察がなければ、容易に理解しえない問題である。ただ「皆平等に」と言われて育った現代の子供たちは、誰でも同じような価値観のなかで生きているうちに、己一個が生きるための確かな意味を見失ってきた。そのことの不安がつい差別を求めてしまうのである。他との差異を見つけることで、かえって自己自身を見出そうとしている。いじめる側の心理には、こんな理由が隠されている。しかし、心理学も哲学も深く考えたことがない先生方に、こんな心の内なる問題を解決せよと迫っても無理である。むしろ方向違いの過った処理が為されて終わるだけである。

もっとも今は、学校に専門の先生を置くところも増えてきたというから、少しは進歩してきたといえようか。

どんなに真実で、天下の正論のように思われても、鵜呑みにしてはならない。あらゆる差別のなかで検討して、有用なところと無用なところ、利益するところと害するところと、両面から充分に点検される必要がある。その利点も欠点もよく知って、その上で世の中に用いてゆかねばならない。

新しい薬が発明されると、あらゆる試験が繰り返され、悪い副作用が生じないことを確認してからでなくては、人に使うことが許されない。むしろ当然の正しいやり方だと思うが、言葉だけは真実らしく見えるものが新たに出ると、副作用も何も点検されないまま正論のように見做されて、アッという間に世の中に流行することがある。

流行するだけで終われればよいが、時には短期間に世界中を巻き込んで、善悪の指針になってしまうこともある。後世になって、この流行に反抗した者が何百万人も粛正され、殺されたことが明かされるが、すべては後の祭りである。

「真空」に由ることの妙

いかなる真実の思想も、正義の言葉も、差別のなかで子細に検討され、その真偽が充分に検討されたものでなくては、安易に信じてはならない、また流行させてもならない。先に紹介した禅者の言葉も、シナ人の現実主義と合理主義の精神で、何百年ものあいだ検討され続けたなかから遺されてきたものである。私が風の吹くところに「真空」が作用していると気づかされたのも、彼らのそんな言葉を学んだことによる。

鏡のことでは、その本体は決して見ることができないが、見えぬ本体があっての映す働きだと述べた。鏡の本体が物を映すことができるのは、本体が「真空（真実の空）」的な作用をなしているからだった。甲さんが鏡の前に立つと、甲さんが映る。だが甲さんが去って乙さんが立つと、間違いなく乙さんは映るが、その場所にはもう甲さんの像は残っていない。甲さんが去った刹那に、鏡の本体が「空っぽ」にされて、甲さんの像が無にされたからである。この在りようは、前に誰が立とうとも同じである。新たに映った像によって、必ず前に映った像が無にされてしまう。いかなる像も前の像と重なることがない。そこにはどんな刹那にも「真空」に与った作用がある。

刹那と言ったが、これは瞬間よりもさらに早い時間をいう語である。もっとも刹那と言っても、すでに意識によって実体をもたされた時である。時自体には刹那の体もない。時がないのではない。確かな実をもって刻まれている時はあるのに、時が実体を持って現れたことは一度もない。時の姿形を捉えることだけは決してできないのである。それはちょうど幾何学上の点のようなものである。幾何学上の点には具体的な面積がない。仮に紙面上に打った黒点をもって代表させ、実体が在るかのように見せている。時もそれと同じで、実としての時は、見ることも得ることもできない。われわれはそれを仮に定めて、一秒二秒といい、一分二分といい、一時間二時間という。そう仮定することで、人間のために用いて済ませている。刹那というのも、そういう時である。われわれはこのように、実際は何の実体も持たない時に与《あずか》りながら、我を生きている。この事実は、われわれ人間だけのことではない。一切の物（万象）がみな、そのような実体なき時にかかわることで、今ここに姿形を現している。

時もまた、時々《じじ》に「真空」に与って刻まれてきたものであった。時々の時を、時々に無にしながら刻んできた。「真空」にかかわることがなくては、何物も時々を新たに存在させることは出来ないできたのである。

私の住む無相庵の庭には、桜の巨木がある。今年（令和四年）も四月初めに、満開の桜を楽しませてくれた。この桜樹、初めは高さ二メートルほどで幹の太さも三、四センチくらいの樹だった。それを、今から十四年ほど前に持ってきて、庭に植えた。ところが今は、根元の太さが一メートル近くになり、枝先はそろそろ二十メートルにもなろうかという高さである。この樹もまた、刹那の「真空」に与って巨木に育ってきたものである。「真空」がいかなる刹那にもかかわることで、生育力が刻々に無にされていったから、休むことなく育っていった。

われわれ個々の在り様も同じである。みな「真空」にかかわって、即今只今の時を無にしながら生きている。「真空」は、実体が何もない全《まった》き無《む》だから、これに触れた物は即座に死んでは、即座に新たに生かされている。刹那も過去に止まることはないが、刹那も今に止まることもない。また過去に止まらないからといって、まったく過去を無くしてしまうわけでもない。すべての過去をもって即今を新たな今に為してゆく。すべての過去をもって新たな今を作りながら、同時に永遠の未来を今に呼び込んでいる。われわれが知らぬ間に歳を取ってしまうのも、「真空」に与ってのものである。すべての過去の経験がなくて今の我に為ることはできないが、今に為った我は、もう今の我ではない。今に為った刹那に、その我は無にされ、すべての過去と共にされてゆく。その刹那にまた、新たな我が呼び起こされ、即今の我として現成《げんじょう》されてゆく。

一切の過去を無（空っぽ）にするのでなければ、即今の体験が入る余地も無いが、過去の一切が無にされれば、新たな体験を為すための根拠（拠り所）まで失われてしまうわけではない。過去の経験を蓄積してきた経験知が、同時に新たな体験を受け入れる原動力になってゆく。そこにはまた、すべての過去と即今《いま》を同一させる「真空」がかかわっている。中心につねに「真空」がかかわるのでなくては、過去と現在と未来が我に同一することがないのである。すべての過去を微塵も失わないままに、しかも刻々に新たな我を作ってゆく。そんな「真空」の働きようは、無論、人間だけに及んでいるものではない。宇宙に現れる一切の現象に及んでいる。だからこそ、人知で思い慮《はか》って知られるようなものではないのである。

古来仏教者は、この「真空」の働きようを「真空妙用《しんくうみょうゆう》」と呼んで、大いに称《たた》えてきた。妙不可思議な働きという意味である。「妙」とは即ち「不可思議」（思い議することができない）なことで、「用」は用いる意味ではなく、その働きをいう。

死ぬときは死ぬがよろしく候

唐の時代に、ある僧が趙州従諗《じょうしゅうじゅうしん》禅師（七七八〜八九七）に問うた。「このように来ている者に、師はまた接していますか」と。禅師が答えて言った、「接している」と。僧が問うた。「では、このように来ていない者に、師はまた接していますか」と。禅師が答えた。「接している」。僧が問う、「このように来ているなら、師の接するにお任せしましょう。このように来ていないなら、師はどのように接するのですか」。禅師が答えて言った。「止めよ、止めよ。説くことはするな。我が法は妙なるもので、思うことも難しいのだから」（『趙州禅師語録』より）

趙州禅師は、当時「老古仏《ろうこぶつ》」と称えられ、仏にも並ぶすぐれた境地の禅者と評されていた。先にも述べたが、何かの道を学びたい者は皆、その道にすぐれた師の所を訪ねて問うたのである。趙州は名僧として知られていたから、多くの僧がやって来て質問した。この僧がここで問うた「このように来ている者」とは、われわれをここに在らしめている者のことである。つまり「真空」の妙なる働きにかかわって現れている者のことである。

先に述べたことの繰り返しになるが、私が右を見れば、そこに筑波山が見える。次に左を見ると、今度は霞ヶ浦が見える。筑波山を見るときは、霞ヶ浦は眼に映っていないが、霞ヶ浦を見るときは、筑波山はまったく眼に残っていない。今は霞ヶ浦だけが映っている。右から左に向いた刹那に、筑波山は完全に無にされて、霞ヶ浦だけになっている。このように、即今の事実を刹那に無にすることで、つねに現在を新たに為して止まない働きを、「真空妙用」と呼ぶ。

僧はここで、「このように来ている者に、師はまた接していますか」と問うて、趙州がこの「真空妙用」に出会っている者でしょうねと、質《ただ》したのである。僧は、自分は正しく接しているが、禅師はどうですか。接していますかと問うた。内心は、趙州、趙州と有名だが、いったいどの程度の者か、その真偽を点検するつもりだった。

趙州はすぐに「接している」と答えた。無論、「真空妙用」にかかわっておらねば、だれだって人と応接することもできないのである。そこで僧は、「ではこのように来ていない者には、師はまたどのように接していますか」と問うた。「真空妙用」に与っていないような者には、禅師はどのように出会いますかと質した。これはどういう意味だろうか。つねに「真空妙用」がかかわっての存在だということも悟らない、未悟の者を、禅師はどのように教え導いているのですかと訊いたようにもみえる。だがそういう意味ではない。今働いた「真空妙用」が次の「真空妙用」に無にされることで、つねに新たな「真空妙用」が起こされている。だから僧は、「真空妙用」自体が無にされたときは、その無いことに接しているのですか、いないのですかと訊いたのである。禅師は勿論、「接している」と答えた。「真空妙用」が無にされないでは、「真空妙用」にかかわることはできない。刹那に無にされては刹那に新たになってゆくから、「真空妙用」にかかわることができている。だから、いよいよ汝に正しく接することができているのだよと。

風はつねに温度差のなかに「真空」がかかわって、起こされてゆく。ただその「真空」が一瞬でもその姿を現せば、もう風は起こせない。ただ、その場が真空になっただけで終わってしまう。されば、「真空」は刹那にも姿を現わさないからこそ、よく風を起こさせることができる。しかも、そんな風の吹きようが、一瞬として同じ吹き方ではない。温度の微妙な差異に従って転々変化し、つねに違う吹き方をなしてゆく。それこそは、風が起こる場に正しく「真空」がかかわっている証拠である。それはまた「真空」自体が、風を自在に変化させることで、自らがかかわっていることを確認しているようにもみえる。

この「真空妙用」、宇宙の一切の現象に同じようにかかわってきたことは、先にも述べた。この妙用に正しく接していることが、物が存在することの真意である。この事実に接しないで真意を得ようと願っても、ついに不可能である。この事実にかかわらないで物が存在してきたことは決してないからである。

しかし一般に、人はなかなかこの事実に気づかない。たとえ気づいたとしても、つい「真空妙用」という特殊な悟りの境地があるかのように見てしまう。もし「真空妙用」が悟って得られる境地なら、それはもう仮に姿かたちを与えて見た「真空妙用」である。「真空妙用」は悟って見られるものでも、迷って見られないものでもない。見られたり見られなかったりする「真空」なら、それはもうほんとうの「真空」ではない。だからこそ「真空妙用」にかかわっているところでは、真に自由な働きがなされてきたのである。もし人がこの事実に気づくなら、もう迷っていて迷っていない。悟っていて悟っていない。迷うこともあるが悟ることもある。迷わないこともあれば、悟らないこともある。迷いにも執《と》われず、悟りにも執われない。その時々の状況に応じて、迷っても悟っても自在なのである。だから江戸時代の良寛《りょうかん》禅師（一七五八～一八三一）は、「人の是非をいうに飽《あ》いたり」（人の善し悪しを言うことに飽きた）と言い、「死ぬときは死ぬがよろしく候《そうろう》。病むときは病むがよろしく候」と言った。ほんとうに自由な者は、このようである。「真空」のところには、刹那も尻をすえていない。己の力量で「真空」にかかわってきたわけではないからである。かえって「真空」が良寛になって、日々に「妙用」の良寛を為している。

さて、趙州に問うた僧は、我こそは妙用を自在に使う者だと思って、「妙用に接しておられるなら、それは師の接するにお任せしましょう。その妙用を無にしている者には、師はどのように接しているのですか」と質した。しかし趙州は、そんな問いにもたつく者ではない。すぐさま答えて言った。「止めよ、止めよ。説くことはするな。我が法は妙なるもので、思うことも難しいのだ」と。

「真空」がかかわって在ることの妙は、実にこのようである。犬は日々に犬になって、猫になることはない。猫も日々に猫になって、犬になることはない。犬は犬を尽くし猫は猫を尽くして自在である。決して自らに具わった分から外れることがない。山は山になり、河は河になり、地は地に、海は海に、空は空となって、それぞれの分を尽くして在る。みな「真空妙用」に与っての現れようである。

この事実に人の思慮分別などは無縁である。まして僧の問いや説法など、取り付く島もない。だから趙州も「止めよ、止めよ。説くことも思うことも難しいのだ」と言って、一気に僧の問答を蹴飛ばした。

古来禅者は、互いにこんな風に問答し合って、つねに存在の真意を子細に点検してきた者である。存在の真意を、根底まで明らめ尽くした者でなくては、英知もかえって重大な災いを引き起こすことを、痛感してきたからである。もっとも今は、こんな親切な禅者は少ない。それよりも、子細に点検すればまったく道理に合わないことを、あたかも禅の真意を得たもののように説く者は多い。私は西田幾多郎（一八七〇〜一九四五）の哲学が、近年ではもっとも子細を尽くしているとみるが、西田も絶筆となった『私の論理について』のなかで言っている。

「私の論理というのは、学界からは理解せられない。否、いまだ一顧《いっこ》も与えられないといってよい。批評がないわけではない。しかしそれは異なった立場から私のいう所を曲解して、これ（曲解）を対象としての批評に過ぎない。私の立場から私のいう所を理解しての批評ではない。異なった立場からの無理解なる批評は、真の批評とはいわれない。私はまず、私の立場から私のいう所を理解せられることを求めるのである」

趙州禅師などは生涯を尽くして坐禅してきた者である。それを坐禅など真似事程度にしかやったことのない者が、彼の語録を読んで注釈し、そして言う。「坐禅することに捉われたような坐禅は、真の坐禅ではない。趙州も『坐禅して悟るように思うこと自体が間違っている』と言っている」と。学者のこんな言葉に惑わされて、現代は生涯を坐禅に尽くして真意を明らめるような者がほとんどいなくなった。人は多く、苦心して得る道を説かれるより安易に得る道を説かれるほうが好きだからである。

第三章で盤珪《ばんけい》禅師の修行について紹介したが、古人がどんなに苦心惨澹して道を得てきた者だったか。そのお陰で今日の人々が利益してきたことは、慮《はか》り知れないのである。

よく点検して看よ

昔、鎌倉時代に宗峰妙超《しゅうほうみょうちょう》という禅僧（一二八三～一三三八）がいた。彼は師について修行した後、京都五条の橋の下に起居して、長く乞食とともに暮らしていたという。うっかり修行成就して師の印可を得たりすると、つい自分がとても偉い者になったような気になる。そんな自分の心に残っている毀誉褒貶《きよほうへん》を思う念を、捨て去ろうとの思いで、乞食修行に明け暮れていた。

当時、第九十五代花園天皇（一二九七～一三四八）は、後醍醐天皇に譲位した後、禅宗に帰依していた。以前より宗峰妙超というすぐれた僧がいると聞いて、師事したいと思っていたが、乞食の中に隠れて行方が分からないという。そこで宗峰禅師は真桑瓜《まくわうり》が好物と聞いたので、家来に「真桑瓜を与えると言って探し出せ」と命じた。家来たちが京都中の乞食に当たっては、「真桑瓜をやるぞ」と呼びかけて回った。乞食たちが集まってくると、家来たちは真桑瓜を渡しながら、「手無くして受け取れ」と言う。そう言って渡すように命じられたのである。「手を使わないで瓜を受け取る者に、やるぞ」と言われて、受け取ることのできるような乞食はいない。みながっかりして手を引っ込めると、家来たちは笑いながら、「よい、よい」と言って瓜を与えていった。

ある日、五条の橋の下に来て、乞食たちに「手無くして受け取れ」と言いながら瓜を差し出していると、なかの一人が、「それならば、手無くして瓜を渡してみろ」と言う。家来たちは、「これだ、これだ。この人だ」と言うので、花園上皇（譲位後の尊称）のもとへ連れて行った。後に京都紫野《むらさきの》にある大徳寺の開山となり、「大燈国師《だいとうこくし》」と称された禅僧が、この宗峰である。

大燈国師（宗峰妙超禅師）は五十五才で亡くなったが、その臨終のとき、花園上皇が訊いた。「禅師が逝かれた後、私はどなたに就いて禅を修行したらよいのでしょうか」と。禅師は「弟子に関山慧玄《かんざんえげん》という者がある。その者に就くと善いでしょう」と答えた。ただ、この関山慧玄禅師（一二七七〜一三六一）も師の下で修行が終わった後、世間から遁《のが》れて行方知れずになっていた。師が師なら、弟子も弟子である。そこで大燈国師が亡くなると、上皇はすぐに全国に人相書きを回して探させた。

実は関山は、美濃の国（現岐阜県）伊深《いぶか》の里に隠れて、百姓たちの下働きのようなことをして暮らしていた。田を耕し、稲を植え、また刈り、牛を牽《ひ》き、木を伐《き》り、炭を焼き等々、あらゆる農事の手伝いをしてくれる、重宝な親父として日々に使われていたのである。

苦心の探索の末、やっと伊深の山里にいることが分かり、ある日勅使《ちょくし》が行列して迎えに行った。里の人たちは仰天した。単なる便利な親父と思っていた者が、上皇の禅師になる人だったというのである。その驚きはひとしおだった。

この花園上皇（後に出家して、花園法王という）の離宮を寺院に改め、関山慧玄を開山として創《はじ》めたものが、今の大本山妙心寺である。この禅師にも有名な話が遺されている。

ある日、一人の僧がやって来て関山に参禅した。関山はすぐに「カーッ」と一喝した。すると僧が言った。「自分は人生が無常迅速《むじょうじんそく》なもので、そのなかで生死しているわれわれの、その生きる真意は何なのかを明らめたいと願って、ここに参ったのです」と。関山はその言葉が終わらないうちに、「慧玄が這裏《しゃり》に生死無し」（わしのところに生死は無いわい）と大喝して、僧を追い出してしまった。

またある日のこと。関山は趙州《じょうしゅう》の「柏樹子《はくじゅし》の話《わ》」を取り上げて、大衆（修行僧たち）に言った。「柏樹子の話に賊気《ぞっき》あり。諸人ら、看よ看よ」（趙州の柏樹子の話には、一切を奪い尽くしてしまう大盗賊の働きがあるぞ。さあ君たち、そのことをよく見極めて看よ）と。

さて、「柏樹子の話」は、『趙州語録』の中でもよく知られた逸話で、ある僧が趙州に、

「如何《いか》なるか是れ祖師西来意《そしさいらいい》」と問うた。

この話は、昔インドから達磨大師《だるまだいし》が、シナの南北朝時代にやって来て、初めて禅の宗旨を伝えたことによるものである。僧は「祖師（達磨大師のこと）が、西国《インド》からわざわざやって来て、われわれに伝えようとしたことは、いったいどのようなことだったのでしょうか」と訊いた。古来、禅の道を悟らんと志す者は、このように問うことが多かった。「祖師西来意」を問うことは、「われわれが存在しているのは、何に拠って在るのか」「我はどのような意味があって、生まれてきたのか」「己とは、いったい何者か」「真に安心する道は、どのようなものか」と問うことと、同じ意味であった。

この僧も、同じ意味で問うたものである。それに対して趙州は、「庭前の柏樹子」（庭先の柏の樹だ）と答えた。これはどういう意味だろうか。関山慧玄は、古来シナの禅者に知られたこの話を取り上げて、修行僧たちに問うた。「さあ、この言葉には大盗賊の働きがあるぞ。よく点検して看よ」と。これまた、どういう意味だろうか。

われわれが今ここに生きて存在している、それはいったい何に拠って在るのか。確かな心の拠り処が無くては、だれも安心して生きられない。家なら堅固な大地の上に建てれば、とりあえずは安心して住むことができる。それでも大地震が起きれば、すべて崩壊してしまう。日本人にとって、地震ほど怖いものはないと思われてきたのも、唯一の拠り所が無くなってしまうことへの恐怖心による。それはまた、自己の安心処が失われることへの怖れでもある。

ほんとうは、だれも確かな安心を得ていない。何がほんとうに安心なことかも、少しも分かっていない。だから、内心はいつも不安にさらされている。大地震や火災などの災害、不慮の事故や、詐欺や略奪や殺戮などの不運を恐れるのも、心に確かな安心処を得ていないことに拠る。

実際、ここに存在しているということ自体が、すでに大きな不安である。確かな生を確認しようとすれば、いつか必ず死が来ることも認めねばならないからである。死の必定なことを自覚しなければ、生の確かさも知り得ない。生と死は別々に離れてあるものではなく、つねに隣り合わせになって存在してきた。だから、もっとも充実した生を見ようとすれば、もっとも近くに死を見ることにもなる。死が身近にあるとき、生も真に実感されてくる。死を忘れているような人生は、退屈しか見えないのである。

だから人は無意味に退屈している自己に、堪えられない。退屈な自己に堪えられないから、ついその自己を忘れる行為に走ってしまう。電車に乗ると、大半の者が携帯電話の情報を見ているのは、あれは自己の退屈を忘れるためである。内心では己の死を自覚すれば、かえって生が充実して退屈がなくなることは、よく知っている。ただそれを自覚することは怖い。だから安易に忘れる方を優先して済まそうとしている。
しかし、「現代人が携帯を見るのは退屈を忘れるためではない。最新の情報を取り込むことで、自己の知的内容を高めようとしているのだ」と、私の説に反論した人があった。ほんとうに知的内容を高めようと思うなら、携帯上の情報などは、ほとんど役に立たない。世界中の膨大な情報を、ただ数行の文字にして並べたようなものが、どうして知的内容を高めるものになろうか。一つの情報の真偽を確かめるにも、膨大な資料のなかに分け入って、自力で究明してゆく必要がある。そんな苦心の究明のなかから、自ずと知的内容も高められてゆくものである。そのためには、まず膨大な情報を蓄積してゆく必要がある。そんな苦心の究明者にして初めて、携帯上の数行の言葉の裏にも、数多《あまた》の真相が隠されていることを察知する。

とまれ、日々の退屈を忘れるために日々を費やしている者も、人生の不条理に出会って迷ったり苦しんだりしている者も、心の確かな拠り所を見失っている者である。立派な家や自動車、目新しい道具や美しい衣服、美味しい食事などを求める者も、人生が無常であることを忘れていたい者である。今ここに生きているあいだにも、病と老いと死は刻々と近づいていることを、ほんとうはよく知っていながら、直には見たくない者である。

江戸時代に狂歌師として知られた蜀山人《しょくさんじん》（大田南畝《なんぽ》。一七四九～一八二三）は、幕府勘定方の役人だったが、登城の途中に転んだことが原因で、七十五歳で死んだ。その辞世の句に、「今までは人のことだと思うたに、俺が死ぬとはこいつはたまらん」と詠んだ。この句も、内心ではよく知ってきたことが、急に身近に迫ってきたことを悟って、思わず吐露したものである。もっとも、「生きすぎて七十五年食いつぶし、かぎり知られぬ天地《あめつち》の恩」とも詠んでいるから、ただ恐れていただけの人ではなかったようである。

今から二千六百年ほど以前に、インドのゴータマ・シッダールタ（後のブッダ、釈尊）も人が生老病死《しょうろうびょうし》の苦しみから免れ得ないことを思うと、心安らぐことができない者だった。ついには真に安心し得る道を求めて、王家の長子の身を捨て、修行の道に入ってしまった。まじめに人生の無常を思って苦しむ者は、古来どの国にあっても、このようであった。

世間的な名声や高い地位、億万の財産があれば、安心の拠り所となるように思う者がある。しかしそれは、持っていない者の妄想に過ぎない。名声や地位や財産を持っている者も、いざ死ぬときには、何の役にも立たぬことを知らされる。死ぬことほど、生きる者に平等な真実はない。むしろ名声や地位や財産を持ったばかりに、執着心も人より強く、それを失うことの怖れも大きい。全財産を札束に換えて、すべてを棺桶に入れて一緒に焼いてくれと言った老人がある。無論、死後に言われたとおりにする家族はいない。病院で末期の苦しみに堪えているとき、家族はだれも見舞いに来ず、莫大な遺産の取り分の相談ばかりしている。そのとき親切にしてくれた看護師に、わずかな安らぎを得て死んでいった者もある。

だから昔の宗教者は、「ついには死ぬということを忘れるな」と説きつづけてきた。日本浄土宗の開祖・法然上人（一一三三〜一二一二）は言う。

「朝に開く花も夕べの風には散りやすく、夕べに結ぶ露も翌朝には消えやすい。これを知らずして、つねに栄えることを思い、これを悟らずして、久しく生きることを思う。しかもそのあいだにも、無常の風がひとたび吹いて有為《うい》（ここに行為している存在）の命の永く消えゆけば、広野に捨てられ、遠き山に置かれ、その死体は苔の下にうもれて（以前は多く土葬だった）、魂《たましい》は独《ひと》り旅の空に迷う。妻子眷属《さいしけんぞく》（妻子親族）が家にあっても、死を共にしてくれず、七珍万宝（七種の珍宝、万の財宝）が蔵に充ちていても、何の利益することもない。ただ身に従うものは後悔の涙ばかりである」と。（『元祖大師御

法語』知恩院発行より)

どのように樹を見てきたか

趙州禅師や宗峰禅師、関山禅師が道に志したのも、真実安心の拠り所を得たいがためだった。彼らも始まりは、われわれと同じ迷い心を見たことによる。われわれ一般人と異なる特別な心があったわけではない。ただ自己の迷い心から、逃げないでも済む道を願っただけである。見ないようにしても忘れようとしても、結局は迷い心の去らぬことに苦しんだからである。みな一種のノイローゼに罹《かか》っていたと言ってもよい。だから何とか永遠に迷わないでも済んでゆく道を模索し続けた。

初めは学問して知識を深め、高度な知識を得ることで真実の安心が得られるように思った。あるいは苦行に身をさらし、厳しい戒律を護《まも》ることに勤めたのも、そうしていれば、いつか安心の境地を悟れるように思ったからである。ところがわれわれの真実の安心は、高度な学問や、苦行や戒律の厳守で得られるような安易なものではなかった。名声や地位や財産が死の前では無益なように、学問も苦行も戒律も真実の安心の前では、何の役にも立たなかった。

彼らもやがて、その事実に気づかされた。だから最後はみな、一切の人為的な会得から離れるほかにないと願うことになった。釈尊が七年の苦行の果てに「苦行では安心を得られない」と悟ったように、彼らも悟らされたのである。

趙州が「祖師西来意」（我という存在はどこから来ているのか）を問われて、「庭前の柏の樹」と答えたのは、そんな悟り体験から言ったものである。しかし、これはどういう意味だったろうか。

我が庵の庭に柏の樹はないが、他の樹ならある。みなさんの家の近くにも何かの樹はあるだろう。それらの樹々を、われわれはどのように見てきたのか。まずそのことから子細に点検して見なければならない。初めに樹を見たとき、我《われ》が樹を見たのだろうか、それとも樹が我を見たのだろうか。「何を言うか。樹が我を見ることなどあろうか。我が樹を見たから、そこに樹のあることを知ったのだ」と言うだろうか。では我が前に樹が無ければ、樹を見るだろうか。「否《いや》、樹が無くて、どうして樹が見られようか」と言うだろう。それならば、初めに樹の方が我が眼に入ってきたから、樹を見ることになったのである。眼に入って来なければ、樹を見ることもなかった。先に樹の方が我に入ってきて、その後で我が「樹がそこにある」と確認したのである。

われわれが物に出会うときの実際は、このようである。どんな物にも、出会うときは必ず物が先にあって、それを我が意識に受けることで、その物を確認してきた。もし物が眼前にあっても、意識が受けなければ、それは我には無い物である。眼は物を映しているのに、物を見ていないということは多々ある。物があっても、少しも気づいていないこともある。自分が見ている物なら、みんなも同じように見ていると思うのは誤りである。まして実際に見ていない物は、我にはまったく無縁の物である。五官（眼官・耳官・鼻官・舌官・身官）に受けた物を、六官（意識官）に捉えたときにだけ、われわれは物が在ることに気づくのである。

ところで、われわれは樹を見るとき、実は我が心に適《かな》うところで見ている。心に合わないところでは見ない。樹が宇宙や地球の創成力、生命力、引力、また大地のあらゆる養分を得て生育することの、それらすべてを見ているわけでもない。ただ樹と我と同一し、互いに通い合うところで見ている。

どこで同一しているのか。「真空」に与って無にされることで、個々はつねに新たに存在してゆく。その無にするところで同一している。我の「真空」作用と樹の「真空」作用と同じく無にされるところ、すなわち互いに「真空妙用」しているところで同一している。そうでなくては、樹を見ることもできないのである。

たとえば人には、それぞれ個人的な時間感覚がある。われわれは時計を見て、「今二時三十四分」とか「五時二分」とか言う。しかし人によってみな、時の経過した感覚が違う。他とまったく同じ時間感覚を持つ者はいない。しかし時間感覚はみな違っても、まったく同一の時に与《あずか》って在ることだけは違わない。それと同じで、我と樹と「真空」によって無にされるところに同一して、われわれは樹を見ることができている。我と樹と同一するところに通うのでなければ、樹を見ることはできないのである。

そんな風に、まったく異なる物同士を取り入れて、互いに同一させ合ってゆく働きが、「真空」の「妙用」なるところである。われわれはその「妙用」に触れて樹を知り、また樹を知ることで我の在ることを確認してきた。

我と他人とのかかわりようも、同様である。我と他人とはまったく違う者だが、それが社会の中で何とか共同生活ができてゆけるのは、互いに「真空」の無にする「妙用」に同一して出会っているからである。

相反するものを同一するもの

赤ん坊は、生まれてすぐに社会と和していった者ではないと述べた。始め世界はすべて我に相反する事ばかりで、その違和感に苦しむから日々に泣き叫んでいたのである。それが徐々に違和感に慣れてゆき、みんなと同じように暮らすことができるようになる。

それは意識して違和感を無くそうと慮ったからではない。赤ん坊にまだそんな慮い心はない。ただ存在自体に具わってきた、互いの無にするところに同一することで出会っていった。

われわれの存在するところには、初めから生きること死ぬことという、まったく相反する事実が具わっている。しかも生と死は同時に及んでいるもので、別々に在るものではない。だから、即今に死にながら即今に生きることができている。今日の我が死んですべて無にされるから、明日の我が新たに生まれ出てゆく。昨日の我がすべて滅んだから、今日の我が生を起こすことができている。もし昨日の為したことの一片でも残っているなら、もう我は生きられない。死ぬほかにないのである。

死とは、今までの行為の一切が、即座に無にされることをいう。生とは、まったく無にされている死が、新たに蘇《よみがえ》ることをいう。どんな瞬間にも存在の要《かなめ》に「真空」がかかわっているから、このように生死《しょうじ》することができている。だからこの「真空」自体は、生死することの外にあって働いている。生死は「真空」に与って現れるものだが、「真空」が生死を起こさせているわけではない。生死は時々の縁に随って起こされてゆく。人の知る時間は時の運行に与ってのものだが、時自体は人の知る時間意識とはまったく無縁のところで働いている。時自体も、時の運行の外にあって働いている。そのように、生死という縁を外から起こさせて働いている動力の元が「真空」である。

このような「真空」作用は、宇宙が始まって以来の作用である。宇宙も「真空」作用にかかわって、つねに新たに創造され続けてきた。無論、その「真空」作用も宇宙創造の外にあって働いてきたのである。


われわれがここに生きるのは、生に反する死と、死に反する生とが、即今で生死同一していることに拠る。その要《かなめ》には、つねに刹那の「真空」がかかわっている。相反する生死を刹那に同一させては、刹那に無にして、その連続が即今の「我」を為さしめている。われわれはみな、そのように連続しながら、無限の過去を今に新たに積みなしてきた者である。過去からの経験は、だれも異なって積まれてきたから、個々もみな異なって現れてゆく。我と他人がみな異なった者になるのも、この故である。その互いに異なる者同士が、よく現実社会の中で共同し、和し合ってゆけるのは、無論「真空」に与っている故である。これを人の心上に見るときに、自ずから「和するこころ」と自覚される働きになっていった。

「慧玄が這裏《しゃり》に生死無し」と言ったのも、この「和するこころ」を自覚しての言葉である。「柏樹子の話に賊気《ぞっき》あり」と答えたのも、この「和するこころ」の働きを察していった。趙州に僧が、「このように来ていない者に、どのように出会うのか」と訊いたのも「和するこころ」にどのように接しているかを質したものである。ただ「和するこころ」自体に直に接することはできない。「和するこころ」に接したときは、すでに個々に差別された者として現れている。だから趙州も、「止めよ、止めよ。説いて分かることではない。我が法は妙なるもので、思うことも難しいのだから」と言ったのである。

第五章

物にゆく道こそありけれ

安楽の法門を求めて

坐禅をしたことのある者ならだれでもよく知っていることだが、心の中から雑念妄想を払うことは難しい。雑念妄想の無くなった無心の境地になりたくて坐禅しているのに、それがなかなかできない。指導者から、「ほんとうに真剣にやろうとする志がないからだ」と責められるが、真剣にやればやるほど雑念妄想はいよいよ湧いてくる。まじめな修行者ほど、このことに苦しめられて七転八倒の年月を過ごすのである。

昔の修行者の中には、苦しさに堪えられなくて、自殺した者もある。いい加減な気持ちで坐禅した者ではない。死ぬほどに真剣な心で修行してきた者である。それなのに、ただ雑念妄想が完全に払われないことに苦しんで自殺した。昔からの古い禅寺に行くと、修行の成就しないことに苦しんで自殺した僧の墓がいくつか遺されている。それほどに、雑念妄想を払う坐禅は難しい。

だから、長年月の苦しみに堪えて、ついに修行成就した者の喜びは大きいのである。それで、つい得意になる。だれも堪えられない厳しい修行を長年勤めあげて、自分はついにそれを乗り越えてきた者だという自慢が出る。これがもっとも大きな雑念妄想だが、長年月修行した者でも、このことに気づく者は少ない。唐代の『禅語録』を見ると、コの慢心に気づかないで悟った気になっている者の話が、たくさん出てくるのである。

日本でもある高名な仏教学者が、どんなに坐禅工夫しても雑念妄想が去らないので、「坐禅して雑念妄想を払おうとすること自体が間違いだった。雑念が生じたら生じたままにしておけばよいのだ」と、その著書に述べていた。もしそんなことでよいなら、どうして古人は長年月にわたって、命を削る苦行に身をさらしてきたのか。みな無駄な苦労をしたことになろう。無心を悟ることの妙を確信してきたから、後世にすすめてきたのである。ただ修行の方向をまちがえると、単に苦行を体験しただけで終わることになる。

唐代のある禅者は、「坐禅は安楽の法門なり」と断言した（『坐禅儀』）。だから、坐禅が苦行に終始するだけなら、それはまちがった坐禅なのである。しかし、だからといって始めから楽々と修行して終わるものではない。このことは坐禅の道だけではないだろう。どんな道の修行であっても、苦行の体験がなくて成就した者はいないのである。

このごろは一、二年専門学校に通っただけでも、料理人になることができる。それで店を開いて営業している者も多い。だからといって、料理が上手になったわけではない。むしろ家庭にあって長年工夫してきた主婦の方が、よほど料理上手な者がある。なかには年老いた主婦で、工夫の技もすでに安楽の境地に至って、どんな素材に出会っても自在に美味しい料理を作る名人がいる。主婦の中には、そんな者もいる。

夏の盛りに、ある一人の婦人にそうめんをご馳走になった。湯がいて、冷やして、タレをつけて食べるだけのだれもが作るものである。その味がひと味違っていて、とても美味しかった。いっしょに食べた者たちがみな、「彼女が作る料理は、いつも美味しい。ひと味違う」と言う。作り方はみんなと同じだが、ひと工夫がある。水の温度だったり、湯がく時間だったり、鰹ダシの取り方だったりする。そのコツを会得するためには、やはりさまざまな苦心があったという。

知人の鍼灸師《しんきゅうし》に聞いたことだが、今は鍼灸師も国家認定の資格がなくては営業できない。だれも鍼灸学校に二年間通って、資格を得る。それで鍼灸師がみな治療ができるようになるかといえば、なかなかそうはいかない。長年多数の患者を相手にしながら、さまざまな治療体験を積んだ後でなくては、上手に鍼《はり》を打てない。苦心の工夫をしてきた者だけが、やがて治療の妙を得る。今では楽々と治療して、多くの苦しみを除くことができる医師も、そこに至るまでには長い試行錯誤の日々が必要だった。

安楽の法門の裏にも、やはり長く厳しい修練の日々が積まれてきたのである。坐禅の場合は、どうしても一度は一切の思慮分別を離れた、無心の境地を悟る必要がある。その体験がなければ、真に安楽な法門を得ることにはならぬ。どうして無心を悟る必要があるのかといえば、少しでも分別を働かす心があると、物の真実が正しく見られないからである。

霞ヶ浦の湖上に風もなく、波が静まって鏡のように平らなときは、彼方の筑波山がスッキリとあるがままに映っている。しかし少しでも波立つときは、筑波山も周囲の景色もみな乱れて映る。そのように心も乱れて波立っているときは、物事をあるがままに捉えられない。心が乱れるとは、世界の事象を自分に勝手な好き嫌いの感情で判断して、本来のあるべき姿を正しく見られない状態をいう。私も以前、エレベーターの中で無礼なアメリカ人に出会ったことがあって、「まったくアメリカ人は、日本人を馬鹿にしているのだから」と言ったら、知人にたしなめられたことがある。「たった一人のアメリカ人が不愉快だったからといって、全アメリカ人が日本人を馬鹿にしているように言ってはだめだ。親日的な者もたくさんいる」と。まことにその通りだった。

自分の考えを正義のように主張する人も、往々にして私と同じ過ちを犯している。特に人の慈愛を説く宗教者が、個人的な好き嫌いの感情だけで他宗の信者を迫害してきたことは、歴史上に山ほどある。そのことが、どれほど人類に悲惨な運命をもたらしてきたか、計り知れないのである。

まことに好き嫌いの感情こそは、世界の運命まで乱してきた要因である。このことは、ここで何度も述べてきた。だからわれわれは、何よりもまず、我が心の好き嫌いの感情を離れ、一切を平等な眼《まなこ》で見直してみる必要がある。感情が生じたり滅したりしている乱れた心で物事の正否を判断するのではなく、まずは感情の生滅する以前の、まだどんな迷いの感情も波立たないときの心で見る。そのためには、一度は「我が」という念《おも》いをまったく離れた心で、世界に対してみなければならない。古人が道のために苦心してきたのも、このことに気づかされてのことだった。

生命への畏敬

「我《われ》」有りという念いを離れて物事に出会うのでなくては、どんなに善き考えを得たとしても、真実の考えにはならない。自分一個の経験に偏った見解になって、真に客観的な考え方にはならない。このことは、世界の哲学者がつとに苦しんできた大問題である。どうしたら個人的な主観を離れて、物事の真相を正しく把握することができるのか。このことが、一番の難問だった。

ドイツの哲学者ハイデッガー（一八八九～一九七六）は、物の存在する根拠を時間において考察した。その結果が、『存在と時間』という有名な著書になった。時間は人間の感情に左右されて働いているものではないから、初めて人間の念いを離れたところから存在の根拠を説いたように見えた。しかし時間もまた、人間の慮《はから》いのなかで捉えられたものなのである。ほんとうの時間は、人間が知る一切の時間概念からも無縁なものでなくてはならない。このことは前章でも、時間の主体は時間の外にあると述べた。

　われわれは時間を、つねに移ろい流れて刹那も止まらないものに考える。また宇宙空間では、地球上とは異なって働く時間があるようにも考える。たとえば何光年先までも宇宙旅行をして帰ってきた者は、地球時間と大きく隔たった時間を見るようにいう。だがこれら人間が考えた時間概念は、時間そのもの自体とはまったく無縁である。われわれは時間を離れて存在したことがない。つねに時間と一如になって存在してきた者である。だから、だれも時間自体の姿を直に見たことがない。ただ時間がなくては、過去から今日に至り、今日から明日に向かうことはできないから、それが確かに働いて在ることだけは予感してきた。むしろ時間自体を直に見ることがないからこそ、日々に生きてこられたともいえよう。もし時間が刻々に意識され、刹那にも移りゆく時間を忘れることができないなら、われわれは時間意識に縛られていることに堪えられず、とっくの昔に憤死していたことだろうと思う。

　されば時間を忘れることこそ、われわれが日々を生きるための工夫だった。それでも時に時間を無暗に意識させられている我を見直してしまうことがある。当然である。時間の移ろいのなかでしか生きられないできた者だから、どうしても我を振り返って見直してみたくなる。いつもは命の在ることすら忘れているのに、時間に縛られている我が命を想い出さされてしまうのである。

時間に縛られて自由になれぬ自分が意識される者は、また「我」有りの時間意識に縛られて苦しむ。「我」の過去と現在と未来が、時の流れの中で閉じ込められてきたように感じている。それでつい、我を忘れるほどに充実してきた時間より、無意味に生きた時間の方が大半だったように感じてしまう。人生の無常を思って生きる意味を見失ってしまうのは、そんな時である。

シュバイツァー博士（一八七五〜一九六五）は、アフリカの仏領ガボン（現ガボン共和国）にある、オゴウェ河畔のランバネレで医療活動に献身したことで知られる医師である。博士はキリスト教の神学者だった。オルガン奏者としても知られていた。ところが三十才になる数カ月前のある日、たまたまパリの宣教師協会の発行するパンフレットを読んだ。そこには「アフリカのコンゴ地方には病苦に苛《さいな》まれている病人がたくさんいるのに、これを救うための医者が不足している」と記されてあった。彼はこの記事を神の啓示（自分に対するお示し）のように感じて、アフリカに行くことを決意した。すでにフランスの植民地としてキリスト教の宣教師が入っていた。だが彼は、「愛の宗教を語るだけでは不十分である。それは行為に移されなければならない。さらに、コンゴで今必要とされているのは、新しい教師とか宣教師ではない。医師である」と考えた。

彼は三十才になると、まず大学の医学部に入学することから始めた。以後、まったくのゼロから医術を学び、八年をかけて最後の試験が終わる。そのときの思いを、「医学研究のおそろしい努力がようやく終わったとは、自分ではどうしても思えなかった。いくどか夢を見ているのではないかとも思い、いやほんとうなのだとも思った」と記している。歳を取ってからの勉強は、よほど大変だったのである。

しかし医学を学ぶあいだにも、彼は神学の講義を続けたり、日曜の説教を行ったり、各地でオルガンの演奏会を催して、医療活動のための資金を集めた。

一九一三年の三月、三十八歳のとき、シュバイツァー博士は夫人と共にアフリカに渡った。夫人も彼の計画に賛同して、看護師の資格を得ており、手術のときの麻酔を受け持つことになっていた。以後の活躍は、彼の著書『水と原生林のはざまで』（野村實訳・岩波文庫刊）でも知られる。それを読むと想像を絶する苦難の日々が記されていて、われわれ現代の文明世界に生きる者が、いかに恵まれてきたか、またそのためにどんなに驕《おご》ってきたかが痛感させられるのである。薄い文庫本だが、私にはすらすらと読み進むことができなかった。何度も手を置いては、人間とは何かを考えさせられたのである。

シュバイツァー博士は、アフリカでの活動を通して、何を得たのだろうか。あるときランバネレを訪ねた客が、「あなたはアフリカに来たことを後悔していませんか」と尋ねたことがある。博士はそれに答えて言った。

「それはあなたの想像に任せますが、ただ、もし私がアフリカに来なかったとしたら、『生命への畏敬』という思想を思いついたかどうか分かりません」

最初のアフリカ滞在中、博士は医療活動のあいだもつねに一つの問題が心をしめていた。それは、「いかなる哲学のなかにも書かれていない、根本的で普遍的な倫理性」の問題であった。

ガボンの人々は、自分の鍋で煮たもの以外は決して食べず、何度禁止しても、ベッドの下で火を使うことを止めない。手術する医者は人食い鬼のように思い、また同種族の者にしか愛情を持たず、他種族の者が苦しんでいるのを見ても、担架で運ぶ手伝いもしない。病院の蚊帳を持って夜逃げしてしまう患者がある。また手術で切除した大きな腫瘍《しゅよう》を、こっそり持ってこさせて、復讐だと称して棒で叩いたりする。博士は、「あわれむべき異国人に対する言語に絶する同情が心をつかむが、それが絶望的であることがいかに多いことか」と記した。

人間にとってほんとうは、何が善で何が悪なのか。西洋文明のなかで信じてきた善悪の価値概念がまったく通用しない人々のなかにあって、シュバイツァー博士は改めて、全人類に普遍的な倫理とは何かを考えざるを得なかった。また人間には、自分の思い通りに自由に生きたいという「自己完成への心」と、他人のために何かの役に立ちたいという「献身への心」がある。この矛盾する二つの心を、如何にして統一してゆくのか。このことは博士にとってさらに重大な問題だった。どんなに他のために献身しているつもりでも、結局は我が心の満足のために為しているのではないかという疑いが去らない。「根本的な人類普遍の倫理」が求められたのは、そのためでもあった。自分の考え方がどんなに真理に思われても、そこに全人類を正すことのできる普遍的な倫理性がなくては、単に自己満足の考え方に終わる。だからこそ、根本的で普遍的な倫理性が求められた。博士の心は、実は人生に真に安心して在るための真の意味が分からなくなっていた。それで、人類不変の倫理が見出されれば、苦しみが除かれるように予感されたのである。

それは一九一五年のことだったという。あるとき、病人のいる村にゆくために、ゆるゆるとオゴウェ川をさかのぼっていた。ちょうど乾燥期で、現地人の操る引き舟の甲板上で博士は茫然と坐っていた。心中は「いかなる哲学書にも書かれていない、根本的で普遍的な倫理性の概念とは、いかなるものか」との考えに占められていた。三日目の日没の頃だった。舟は河馬《かば》の群れのあいだを進んでいたが、突如心中に、今まで予感もしなければ求めたこともない「生命への畏敬」という言葉がひらめいた。博士はこのとき初めて、人類普遍の根本的な統一理念を直観したという。

それは「我は生きようとする生命にとりかこまれた、我もまたその生きようとする生命のひとつだった」ということだった。（木原武一著『大人のための偉人伝』新潮選書、参照）

存在することは、つねに無常の中にある。しかしそんな中でどんな生命も、生きようとして止まない者として、ここに現れている。たとえ死ぬことであっても、新たに生きる者の創成力になるために死んでいる。このことは、大地に散って死んでいった落葉の養分で木が育ってゆくのを見ても分かる。海は過去万年の海中生命体がすべて死んで溶け込んだ水である。無量の魚類や海藻類は、みな過去に死んだ仲間たちの死体を命にして、今を生きている。人も死んで大地になり水になり火になり風になり、また空気になる。今生きているわれわれも、そんな過去に死んだ者（地・水・火・風・空気）のお陰あっての存在である。「生きようとする生命にとりかこまれた中に生きる」われわれは、また「過去無量に死んでいった生命にいっぱいに取り囲まれた者の一人」でもある。

シュバイツァー博士の心は、突如、この事実を悟って、存在することの妙用（妙不可思議な働き）に貫かれた。だから後に、人はだれも「生命への畏敬」（生かそうとして止まない神秘な力への敬虔さ）によって真実になってゆくという思想を、世界に展開することになった。

子供はみな「奇跡の人」

自分と他とが意識上で二つに分かれて捉えられているときは（これを分別という）、われわれはいつも迷える者になる。仮の自己と真実の自己とのあいだで、行ったり来たりしながら彷徨《さまよ》っている者になる。しかし、まだ意識上に何も思わないでいる刹那には、だれでも自分と他人とが一如になっていて、「我《われ》」という意識も「他」という意識も無い。自己を他と区別し限定して見る意識がまだ生じていないから、その刹那にはただ、「我」は一切の世界と共になって在る。一切の世界が、同時に我になっているのである。そこには、自と他を我がうちに統一しようとして止まない「和するこころ」だけがある。この刹那にこそ世界が、だれもの「和するこころ」と一つになっている。ただこの刹那には、自他を分別する意識がまだ生じていないので、だれも「和するこころ」になっていたことに気づかない。後で顧みて、この刹那のとき、身心が充実していたことを想い出すばかりである。

ヘレン・ケラー女史（一八八〇〜一九六八）は、目と耳と口の機能を失った三重苦の人だった。映画で『奇跡の人』として世界中に知られた人である。生後十九カ月（一年七カ月）たった二月のある日、突然胃と脳髄の急性充血に襲われた。医者はとうてい助からぬものと決めていたが、翌日になるとすっかり熱が引いて、代わりに眼と耳の機能をすべて失ってしまったのである。

以後の悲惨な状況は映画でも紹介されている。家ではわがままの限りを尽し、何もかもが思い通りにならぬことに怒って、暴君のようにふるまった。気に入らないときは手に触れるものは何でも床に叩きつけ、手づかみで食事し、それをだれも正すことができなかった。両親の悲痛の思いは、ついにワシントンに住むグラハム・ベル博士に相談することになった。ベル博士は電話の発明家として世界に知られた人である。ベル博士の紹介でボストン・パーキンソン盲学校に、ヘレンのための専属教師がいないかが問われた。そして、一八八七年の三月三日、アン・サリバン先生が派遣されてきた。ヘレンが満七歳になる三カ月前のことだった。

サリバン先生は最初ヘレンの手に人形を持たせて、彼女の反対の手のひらに指でd・o・l・l《ドール》と綴ることから始めた。彼女はすぐにこの遊びが面白くなり、何度も同じように真似ようと試みた。上手にできたときは、嬉しくて得意になったという。無論、言葉を綴っているとは夢にも思わず、ただ指を動かして遊んでいるのだと思っていた。そうやってヘレンは、ピンやハット（帽子）、コップなどのたくさんの言葉を綴ることを覚えた。しかし、物にはそれぞれ名前があるということを知ったのは、数週間も後のことだった。サリバン先生は、そのことを分からせようと、幾日も苦心していたのである。

その日も二人は、マッグ（湯飲み）とウォーター（水）のことで苦しんでいた。どうしてもこの二つが別々の物だということが納得されない。ヘレンは繰り返しの試みに癇癪《かんしゃく》を起こし、側にあった人形を手に取るなり、床に叩きつけた。砕けた人形の破片を足に感じながらも、ヘレンは痛快だったという。腹立ちの原因が除かれたように覚えたからである。ところが先生は静かに破片を片付けると、帽子を持ってきた。ヘレンは暖かい日向《ひなた》に出られるのだと知って、大喜びした。

二人は井戸小屋のあるところまで歩いて行った。だれかがポンプで水をくみ上げていたので、先生は水の出口にヘレンの手を出させると、冷たい水が手に流れているあいだに、反対の手のひらに、w・a・t・e・r《ウォーター》と綴った。始めはゆっくりと、次には迅速に綴った。ヘレンは身動きもせずに全身の注意を先生の指先にそそいでいたが、そのとき突然、ｗａｔｅｒは今自分の片手の上を流れている不思議なものの名だと気づかされた。

ヘレンはこの一刹那の体験を、後に感動的に述べている。「この生きた一言が、私の魂をめざめさせ、それに光と希望と喜びを与え、私の魂を解放することになったのです。物にはみな名のあることがわかったのです。しかも一つ一つの名はそれぞれ新しい思想を生んでくれるのでした」と。

庭から家に帰ってくると、すぐに彼女はサリバン先生に問いつづけた。そして彼女の手に触れるあらゆる物に、すべて名前があることを確認して回った。「初めてあらゆる物が生命をもって活動しているように感じ始めました。それは与えられた新しい心の目をもって、すべてを見るようになったからです」

ヘレンはその日、たくさんの言葉を覚えた。そのときの感激を彼女は後に、「できごとの多かった日も暮れて、小さい寝台に横たわりながら、この日が自分にもたらした喜びを思い返していた時の私ほど幸福な子供を発見することは困難だったでしょう。私は生まれて初めて、きたるべき新しい日を待つことを知りました」と述べた。（ヘレン・ケラー著『わたしの生涯』岩橋武雄訳・角川文庫より）

私は世界のどんな子供も、始まりは、ヘレン・ケラー女史と同じ喜びをもって物の名前を覚えたのだと思う。そうでなくては、言葉が自由に話せるようにはならなかったと思う。われわれが成長してから外国語を学ぶことの困難を省みれば、このことが理解されるだろう。生まれて間もない赤ん坊は、今まで言葉というものがあることも、物に名前があることもまったく知らないで生まれてきた。そういう意味ではだれも、七歳までのヘレンと同じ状態だった。それが徐々に話せるようになってゆく。このことは、思えば大きな奇跡というほかない。世界中の幼児がみな、ヘレンと同じように、言葉を覚えることに大きな喜びを感じていたからに違いない。幼児がどんなに目を輝かせて大人の口真似をしていったか、どんなに嬉しそうに言葉を覚えていったかを、世界中の母親はだれも、きっと見てきたに違いない。

物には名前があることも、また名前にはそれぞれ別々の意味があることも、初めはまったく知らなかった幼児が、いつの間にか言葉を覚え、その意味まで理解するようになる奇跡は、ただ自分と物と名前とが一如になることで、自ずから成就されていったものである。まだ何の分別も始まらない真《ま》っ新《さら》な「和するこころ」だけが、刹那刹那に働いていた。だからその刹那には、どんな幼児の魂も「目覚まされ、光と希望と喜びが与えられ、魂が解放されていった」のである。

われわれは大人になって分別ができると、自分の能力で言葉を覚えたように思っている。しかし、そうではない。生まれたばかりの心には、覚えるための拠るべき何の言葉もなかったのである。ただ、まったく見知らぬものを我が心のうちに統一させて、自己に違和感なく同化させようとする「和するこころ」だけが働いていた。この「こころ」が働いているお陰で、我と物と名前とが自然に一如にされ、知らぬ間に言葉を覚えていった。まことに子供はみな、ヘレンと同じように「奇跡の人」として始まった者なのであった。

「般若心経」二百二十万巻読誦

ヘレン・ケラー女史は三重苦を克服して、多くの著書を著わしたが、それが世界に知られるようになると、世界中を旅して講演することになる。つねに、盲人の福祉と教育の向上の必要性を説いて回ったのである。日本にも戦争をはさんで、前後三回にわたって来日し、全国を講演して回ったが、朝鮮・満州（この時は日本領だった）にも足をのばして、講演回数が実に九十七回に及んだという。初来日は昭和十二年（一九三七）のことだったが、女史は来日の始め、まず塙保己一《はなわほきいち》（一七四六〜一八二一）の生誕地（現埼玉県本庄市児玉町）へ行きたいと願った。お母さんから、「日本に盲目の人で、偉大な学者になった塙保己一という人がいた」と聞かされてきたからである。お母さんは保己一のことを話しては、「盲人だって努力をすればすばらしい仕事を成し遂げることができる。あなたも保己一のように努めなさい」と励ましてきた。だから日本に行くなら、何よりも塙保己一の生誕地を訪ねたいと願ったのである。

塙保己一は、『群書類従《ぐんしょるいじゅう》』という国学・国史を中心とする日本古代からの文献資料を収集し、編纂して、正編五三〇巻・六六六冊という一大叢書を編纂したことで知られる人である。その歴史学・国学・国文学等の学術的な研究は、日本文化に多大な貢献をなしてきた。後に保己一の弟子たちによって、続編の『群書類従』も編纂され、膨大な叢書となって遺されている。現在は全国の大きな図書館なら、堅牢な表紙で綴《と》じられた活版印刷の書物となって、大部《たいぶ》の巻が納められている。しかし最初の正篇は、すべて保己一が盲目の身で編纂したもので、版木に彫って印刷されたのである。

『塙保己一』（大田善麿著・吉川弘文館刊）によると、保己一は七歳の時に失明した。五歳の年から肝（肝臓）を病み、七歳の春、にわかに盲目となったという。十四歳のとき、一大決心をして江戸に出ると、盲人としての修行を為すために、四谷の雨富検校須賀一《あめとみけんぎょうすがいち》に入門した。「検校」は幕府の定めた盲人の官職名で、一番高位の者を言う。当時、盲人一座に加わった者は、必ず琵琶・琴・三絃などの楽器奏法を学んで音曲師になるか、鍼《はり》・按摩《あんま》の技術を習得して治療に専念するか、どちらかの業に就くことになっていた。ところが彼は生来の不器用で、どれも一向に上達しない。多くの盲人は勘がいいのに、彼は音曲の術も鍼・按摩の術も、三年も修行したが物にならない。絶望して堀に身を投げて死のうと思ったこともある。ただ知識を積んで文学の道に励むことだけは例外だった。

あるとき雨富検校が言った。「お前の好む道に進んでみるがよい。泥棒と博打《ばくち》以外なら、何をやってもよい。今日から三年間、わたしがお前を養ってやろう。もし三年たっても為すところがなかったなら、お前を故郷に帰すことにしよう」と。そこで一大奮起して、学業に専念することになった。十六歳ごろのことだった。まずは毎朝『般若心経』を百巻ずつ読誦《どくじゅ》することで精進の心を真実にしようと思った。

『般若心経』は一巻を読むのに、普通の速度でだいたい一分ほどかかる。それを百巻だから、百分（一時間四十分）である。現代には毎日欠かさず一人で坐禅するような禅僧は、ほとんどいないと思う。もしいたとしても、一回百分の坐禅行をなすような者は、さらに少ないだろう。私はどんな修行でも、全部で一万時間の修行を為した者なら、必ずその道の達人になれると思っている。もちろん、いい加減に一万時間を費やした者のことではない。どの時間も真剣に為した者ならば、という意味である。保己一はその後も、為すべき事業の達成を祈願して、毎朝天満宮に参じた後、帰宅すると百巻の『般若心経』を読誦し、千日をもって満願と定めて行じたという。その記録が今に遺されているが、六十年間毎朝欠かさず百巻を読誦して、七十六歳で亡くなるまでに二百二十万巻を読んだことになる。

天満宮は菅原道真《すがわらみちざね》を祀る神社で、道真は学問の神さまとして祀られてきた者だから、古来、学業成就を願う者はみな天満宮に願をかけてきたのである。


当時、日本古来の古典文献は膨大にあったが、すべて個人の好事家《こうずか》のところに部分的に収集されているのみで、古典を学ぼうとする者には大変不便な環境だった。だれがどんな書物を集めているかの情報も明らかでなかったから、まとまった研究を為したい者は、まず必要な文献（書物）を探し出すことから苦心せねばならなかった。また文献を見つけても、それを所有者から借り出すことが難題だった。持ち主が希少本の破損することを案じて、なかなか貸してくれなかったのである。所有者もその書物を入手するには、高額を投じていたこともあった。たとえ見ることができても、外に持ち出すなといわれる。それで毎日所有者の家に通って、自ら書き写すことで、やっと入手することができた。

幕末に福沢諭吉（一八三五〜一九〇一）も英語を学ぼうと志したとき、英語辞書を所有している人の処に日参して、分厚い英語辞書のすべてを書き写すことで、自分の辞書を持つことができた。初め所有者は、外国人から高額で買った辞書だから、貸すことを断ったという。だが諭吉が「では、ここで写させてください」と頼むと、許された。そこで連日通って、終日熱心に書写していった。所有者は驚き、「どうして英語の辞書などにそんなに熱心になるのかね」と訊いた。諭吉は、「これからは英語をよく解する者がなければ、日本が世界に対等に処してゆけません。まずは自分がその魁《さきがけ》になりたいと思うからです」と答えた。持ち主はそんな志があって持っている者ではなかったから、感動して、諭吉が全部写し終えたとき、「この本が必要な者は自分ではなくて、あなただ」と言って、その辞書をただで贈ったという。

今日なら書店に行けば、英語辞書などだれでも買うことができる。古典を研究したければ、大手の出版社から『日本古典文学体系』というような書物が何種類も刊行されている。学ぶ気があるなら、だれでも容易に手に入れることができる。そういう意味では、現代はほんとうによい時代になったのである。

保己一は、諭吉よりも一世紀も早く生まれた人だが、学問に志す者の苦心を思って、まずはすべての古典文献を一カ所に集めて印刷することを発願したのである。その願いがどんなに困難なものだったかは、現代のわれわれも少しは想像できるだろう。盲人の身をもって志した大事業である。己一個の力だけでよく成就し得る事ではなかった。だから保己一は、まずは心を尽くして神仏に参じ、誓願成就を祈ったのである。日々『般若心経』百巻の読誦も、そのためには欠かすことのできぬ修行だった。

「我」無くて真実になる

保己一は、「どんなことでも一つの業を成し遂げようとする者は、感情的に怒る気持ちに支配されるようでは成就することはできない」と思った。そこで年ごとに「この一年間は絶対に怒り心を起こさぬ」と誓いを立てた。

昔も今も、一般に人は自分たちと異なった者に親切ではない。あるとき、商店の前で道を尋ねたところ、奉公人たちが出てきて彼をつかまえてクルクルと身体を回転させた後、ドンと背中を叩いて「さあ、どっちかな」と言って、みんなで笑った。また子供たちが道をふさいで、ふざけながら通行の邪魔をすることもあった。保己一は人々が障害者にこんないじめを為すのも、ちゃんとした学問が為されていないからだと思い、いよいよ事業の成就を願ったという。

今日は障害者を助けるための社会福祉事業が、全国的にすすんでいる。そのことでは昔の比ではない。しかし、車椅子の人が電車に乗ろうとすると、駅の職員に頼まねばならぬ。以前は階段を運ぶために車椅子専用の昇降機まで設置されていた。しかし、そんな高価な機械を設けなくとも、周囲の者が気づいたら、三、四人で協力して運んでやれば済む問題である。世界では、そのようにしている国もある。盲人が駅のホームを踏み外し、線路に落ちて電車に轢《ひ》かれて死ぬ例も、後を絶たないという。みんなが注意していれば、こんな悲惨な事故も無くなるだろう。特に白い杖をついている盲人がいるときは、自分が電車に乗ることよりも、よく見守ってやることが必要である。しかし今は、みな携帯電話の画面に夢中で、他人を見守るような余裕はない。それよりも携帯電話に夢中になるあまり、自分がホームを踏み外して死ぬ事故があるという。

これらのことも、ちゃんとした学問がない所為《せい》だろうか……。社会福祉のための設備投資は大量に施されたが、個々人の心まで社会福祉精神に充たされたかといえば、また別のようである。

とまれ、何かを為そうと願う者に、保己一のような切なる願心があれば、ついに成就しないではおられない。ただこのような切なる願心がない者にかぎって、願い事が成就しないのは世の中の仕組みが悪いようにいう。保己一は世の中の責任にはしなかった。自分の願心が足りないからだと思った。だからよく己の情念を制御し、謙虚な心で精進して偉業を達成することができた。

それはやはり人間的な素質や環境が、他と異なって善かったからだと思う者はある。確かに彼の両親は他人のために、隠れて尽くすような人だったという。また修学のためについた雨富検校も立派な人で、保己一のことを案じてはさまざまに援助してくれた。後には国文学者として著名な賀茂真淵《かものまぶち》について学ぶこともできた。そういうところだけを見れば、運が善かったとも言えよう。しかし、どんなに運が善いといっても、まったく目の見えない者だったということの事実は、一般の目の見える者からすれば不運の最たるものである。しかも按摩は下手だった。下手でも、若いときはこれで食べてゆくほかなかったから、一応按摩治療もやったのである。

あるとき隣に貧しい婦人がいて、病気で寝込んでいた。保己一に頼んで治療してもらい、何とか治すことができた。婦人は喜んで翌日謝礼の銭を持ってきた。ところが彼はそれを受け取らなかったので、婦人は感泣した。そのとき保己一は嘆息して、「自分はこの技を上手におこなえる者ではない。わずかに按摩としての責任を果たしているだけだが、もし人が自分の技の拙いことを知ったなら、人は我を敵《かたき》のように言って批判するだろう。人が知らないからと言って、それに甘えて暮らしのために謝礼を貪っているなら、どうして医が仁術といえようか」と言った。

そこで、ついに医術を捨てて、もっぱら国文学だけに専念しようと思った。それでも貴重な古書を持っている者があると聞くと、出かけていって按摩治療を施した後、謝礼の代わりに家にある古書を読んでくれと頼んだという。家人が古書を読むと、熱心に耳を傾けて一言一句も聞き洩らさぬように聞き、帰宅してから弟子に覚えたての言葉を述べて書かせた。

記憶力も優れていたのである。私はこれも、日に『般若心経』百巻を読誦してきたことで得た誓願力によるものだったと思う。

真言宗の開祖・弘法大師空海（七七四〜八三五）は、虚空蔵菩薩《こくうぞうぼさつ》の真言を百万回唱えることで、抜群の記憶力を得たという。真言は呪文の句で、それを唱えることで、仏に等しい智慧を得ることができるという。句はインド古来のサンスクリット語で、虚空蔵菩薩の真言は「ノーボウ・アキャシャ・キャラバヤ・オンアリ・キャーマリモリ・ソワカ」という。弘法大師は真言百万遍を唱えることで、一度聞いた言葉はすべて覚える力を得た。

私も試みにやってみた。だいたい私の唱え方で、一分間に「二十七回」の真言を唱えることができる。これは人によって唱える調子が異なるから、定まった回数ではない。途中で息継ぎもするから、人によっては三十回にも三十五回にもなるだろう。さて私の場合は、一時間（六十分）唱えて千六百二十回。もし一日七時間を休みなく唱えるなら、一万一千三百四十回である。だから約百日間で百万遍の真言読誦を達成することになる。無論、日に七時間を休みなく唱えることができる者はいない。だいたいは朝に二時間、昼に二時間、夕に二時間、夜に二時間も務められれば上々である。これだと日に八時間となり、一万二千九百六十回の読誦となる。専門の修行者か、よほど暇な時間がある者でなければ、できない修行である。

唱えるときは、真言のほかに余分な念は、刹那も生じないように唱えねばならない。そうでなければ、百万遍を唱えたといっても、何の意味もない。ただ無駄な時間を費やしただけになる。私も年に二度は有志を集めて四国や西国、秩父、坂東の札所を巡っていたことがある。その時は真言読誦の好機と思って、暇さえあれば唱えていた。先にインド仏跡巡拝の旅で、「南無釈迦牟尼仏《なむしゃかむにぶつ》」と唱えながら巡ったことを述べた。日本の札所では虚空蔵菩薩の真言を唱えながら巡ったのである。余念が起ころうとするたびに、気力を強めて唱え続けていると、インドの時と同じで、だんだん身体が空中を行くような感じになった。

あるとき、そのようにして秩父札所を巡っていたとき、急に「我れ在り」と思っているのは、大きな錯覚だったと気づかされた。実際に存在してきた我が身体と、それを「我がもの」と思っている意識とは、別々のものだった。この身体を「我がもの」と思うのは、「我《われ》」が意識上でそう思い込んできたもので、単に錯覚しているだけだった。「我」というこの者自体は、本来どんな意識的な把握にもかかわらないで存在してきた。だから、われわれはついに、自らの命も運命も自分のはからいでは何とも決めようがない。特に未来のことになると、意識ではまったく知りようもないのである。

そう気づかされて初めて、だれでも「我」が無いときは、いつも真実になってきたことに思い至った。否《いな》、われわれはつねに、「我」が無いことで真実を行じてきた者だったのである。

「我」無きが故に欲念を起こす

シュバイツァー博士がオゴウェ川で「生命への畏敬」の思想を得たのも、ヘレン・ケラー女史が、手に触れて流れている物の名が「ウォーター」と気づいたのも、「我」無くて真実になっていたことに拠る。塙保己一が偉大な事業に一筋に邁進できたのも、日々の『般若心経』百巻読誦によって、「我」無き真実心を行じていたからである。

弘法大師は真言百万遍の読誦を繰り返し修行して、仏教の法理を深遠なる哲学的理念で縦横に説いて、多くの著述をなした。まだ仏教が知識人の飾り物か、現生利益の祈祷宗教にすぎなかったとき、すでに仏教を哲学的に悟ってゆく道を開いたのである。その著書の数編でも見た者なら、そこに世界に冠たる哲学理論が展開されていることを見るだろう。欧米の哲学者の著書は、日本語に翻訳されてたくさん出版されているから、一般人でも容易に入手できる。弘法大師の著作は、まだほとんど知られていない。宗門の学者たちによって仏教用語が注解されたものや、現代訳されたものが出版されているが、ほんの一部である。しかも多くは高額で、庶民の買える物は少ない。せめてソクラテスやプラトン、カントやヘーゲルが説いたような言葉にして、現代語訳できないものかと思う。

「我《われ》」無くてこそ真実になってゆくと気づいた者は、古来、東洋でも西洋でもたくさんいた。だから気づいた者は必ず、この事実を何とか後世に伝えて、同じように気づく者の続くことを願ったのである。この事実に気づく以外に、人間社会を真に善くする道のないことが、確信されたからである。人間の歴史上に起こった悪しきことはみな、実体としての「我」が有るように思ってきたことに拠る。「我」が有ると思っている、その「我」は、仮に意識上で有ると錯覚している「我」であった。真実の我には、初めから「我」がどこにも無いのである。

このことは、実はだれも内心では予感している。というよりも、つねに「我」が無いときに充実してきたことを確認するために生きている。「我」が無いことこそ、生きることの原動力になっているのである。現代にこの事実を言う者は、極めて少ないと思うから、あえて私がここに言うのである。

たとえばわれわれは日々、朝から晩まで、さまざまに何かの思い事をしながら過ごしている。その思い事をしているとき、「われが思い事をしている」との思いはない。しかし「われが思っている」の思いはなくても、内心に「我」が思っていることは知っているので、他に問われると、「われが思っている」と答えるのである。それでも物事を思っているときを省みれば、必ず「われが思っている」というような思いはなくて思っている。われわれはまず、自分の外にある何事かを受けてから、心に物を思うので、思っているときは、受けた物に集中していて、「われが思っている」との思いの入る余地がないのである。

朝、自転車に乗って牛乳配達をしていた者が、うっかり自転車を倒して、多くの牛乳瓶を割ったことがある。後にそのときのことを、彼が話した。「その瞬間に頭の中が真っ白になった」と。実は初めに頭の中が空っぽになった、その後で大地が白い牛乳に染まるのを見たのである。それで急に、「我」の思いが生じた。ガチャンと倒れた瞬間には、まだ「我」は生じていなかった。だから「頭の中が真っ白になった」と言ったのは、頭の中が白色に染まったという意味ではなく、まだ何色にも染まっていないことを言った。倒れた瞬間には、まだ何の思いも生じない空っぽの状態になっていたことを、こう表現したのである。

何事かを思う、その瞬間のところでは、まだ「われが思っている」という思いが無い。「我」は空っぽになっている。頭の中も空っぽの状態にある。ところが、その後すぐに「我」有りの意識が生じると、とたんに「牛乳瓶が割れて流れ出た」という思いも働きだす。われわれの心は、この日々に「我」の有る無しを繰り返すことで過ぎてゆく。「我」が無いときは、無いことで心が不安になり、「我」が有るときは、有ることで心が重くなる。だれでもだんだん、そんな日々を繰り返していると、いつか生きることが煩わしくなってしまう。だからつい、内心に「我」が有るとか無いとかの思いから、「すべて自由になりたい」と願うことになる。

普段には、われわれは何事かをつねに思いながら、何とかその思いに捉われてしまう「我」を忘れようと務めている。「我」が「我」がという思いが生じて止まないことは、内心では辛く苦しいのである。ときには苦しさのあまり、精神的に病んでしまう者もある。だから、何とかして辛さ苦しさを忘れようと、さまざまに思う事のなかで「我」を忘れようと務めてきた。そんな風に思う事が、多くの場合、他への好き嫌いや憎い愛《いと》しの欲念に集中しようとするのは、この欲念がもっとも「我」を忘れやすくしてくれるからである。つまり、目前の欲念に捉われている間は、「我」の有ることが忘れられてしまうことを、よく知っているのである。

ところが、宗教家や道徳家は、この欲念を悪念として否定することを説く。だが欲念を起こさざるを得ない大本の動機は、「我」が有るという念に執《しゅう》してしまう心の辛さ苦しさを忘れたいがためである。「私」の念が有るとか無いとかの思いから自由になりたいと願う心が、かえって欲念を起こさせている。そこでは、すでに「我」が無いときは自由になってきたことを知っている心がある。その知っている心が、「我」有りの念を、欲念に執させることで忘れようとしている。欲念に執着しているときは、かえって「我」という念は無にされている。そのことを内心ではよく知ってきたから、われわれは懸命に欲念を起こさせているのだともいえよう。欲念を起こしてしまう大本の動機は、実に「我」を無にすることで自由になってきたことを知っている、われわれの「我」無き心なのである。

だから、だれも日々に、我が欲念を尽すことで我を忘れようとしてきた。多くの人が携帯電話に夢中になっているのも、この故である。「我」の思いが意識に残るようなことは、仕事でも遊びでも、善いことでも悪いことでも、嫌いである。心に「我」の念が邪魔をして心が充たされないでいる、中途半端なままでいる。そのことが一番、イラつくのである。「我」の念を忘れておられるほどには、何かに夢中になっていたい。これがわれわれの、ささやかな願いである。しかしそんな都合のよい人生は、なかなか自覚されないから、たいていは多くの人が日々に退屈している。実際退屈は、苦痛なのである。

物にゆく道こそありけれ

人生の充実は、「我」無くて夢中になっておられるときである。人生の退屈は、充実しない「我」という意識が有るときである。充実も退屈も、どちらも「我」が有る無しの周《まわ》りで生じている。夢中になって充実しているときは、「我」が無いことで物と一如になり、退屈なときは、「我」と物とが離れて別々になっている。ここでいう物とは我以外のすべての環境であり、事象である。

前にも述べたが、われわれは我と他の物と一如になることで、かえって「我」を確認してきた者である。自他が一如になることで、今ここに我を在らしめてきた。自力だけで我になってきた者ではない。つねに他の物と共になることで、「我」を尽くしてきた。そこではいつも、自他を調えて止まぬ「和するこころ」が無限に働き続けてきたのである。

江戸時代の国学者、本居宣長《もとおりのりなが》（一七三〇～一八〇一）はこの「和するこころ」で「我」

を真《まこと》に為してゆく道を、「物にゆく道こそありけれ（物に成りきってゆく道だけがある）」と言った（『古事記伝』）。物になって見、物になって聞き、物になって知る。我が身のことも我が心のことも、我を我に為しているすべての我をただ一個の物として捉えて、そこにどんな好悪の感情も加えずあるがままに観察してゆく。するとだれもが、自ずから「神《かん》ながら」の存在だったことを悟ると言った。生まれる以前より、何の不足もなく「我」が無くて済んでいる存在だったと気づかされるからである。

われわれはつねに自他一如になることで、個々を実現してきた者だから、我を尽くせば尽くすほどに、かえって他を尽くすことにもなってゆく。だからそんな一如のところでは、我も他も充実して喜んでゆくほかにないのである。

今日は商人　我を完成する日

岡田徹《おかだとおる》（一九〇四〜一九五七）は、戦前から戦後にかけて活躍した、商業指導家、経営思想家である。雑誌『商業界』編集長、『商店経営』主幹などを経て、昭和二十八年以後、商業界ゼミナールの講師として大人気を博した人である。

『岡田徹詩集』（商業界発行）を読むと、まさに現実社会の中で「我無くて」真《まこと》を行じてゆくことの具体を見る。私は最後に、「和するこころ」を実際に尽くしてゆく者は、たとえば岡田徹のような生き方にもなることを紹介して、この書を終わりたいと思う。読むたびに、私自身が新たにされてきたからである。

【商人の道】

小売業の繁盛は、その店がお客との間に心の結びつきをどれほど深く作り得るかによって決まる。このような人間的な親愛の情というものは、いわゆる社会的な信用というような漠《ばく》としたものではなく、お互いを心から信じ合える喜びなのである。

お客とのあいだにそういう親愛の流れを作ることが小売店経営での一番大事な仕事であると、私は信じる。

資本、設備、経営技術によって、小売店の繁盛が決まるとは思えない。それ以上に大切なことは、「お客のための店」という経営精神が、店の隅々までにじみ出ていることである。住みづらいこの世の中にあって、よりよい明日を求めて、今日の生活と闘っている多くの消費者は、自分たちの生活のために、友人としての温かな手をさしのべてくれる商人の在ることを求めている。社会大衆に生きることの喜びと、明日への力を与え得る者は、小売り商人である。

消費者は単にモノを求めているのではない。モノと金との取引をこえて、商人の「人間」を求めている。誠実な、正直な、温かな人間の心を商人に求めている。一人のお客の喜びのために誠実をつくし、一人のお客の生活を守るために利害を忘れる。その人間としての美しさこそ、小売店経営の姿としたい。その日その日の経営の苦しさに耐え、僅《わずか》な利潤でお客の望みをかなえてさしあげ、我が生涯を一商人として、おしみなく使い切れるものは、タッタ一つの「お客のために私は在る」の自覚と誇りとではあるまいか。

ゼニ儲けの方便だと思っていた小売業が、我が生涯をかけて人間の聖業であると解った時、一人のお客のために商人としての命をかけることに、生き甲斐を知る。小売業とは人間の聖業である。日々誠実の業を行うべし。商人の生きる道である。

今日は商人我を完成するための日である。不断の精神を通じて、一人の美しい人間に成長して行きたい。あなたが生涯をかけた仕事の尊さを知ろうよ。あなたの商人としての姿に、私は、前垂れをかけた「み仏」を見たい。

【実印を捺す】

商売の道は人間の誠実を尽くす道でありたい。

―店の作りで、蛍光灯で、アーケードで、お客を引きつけようとする前に、

私の店は正直な店ですと、

ただこの一言《ひとこと》を、
天地に恥じずに云い切れる商売をしようよ。
商品の豊富さを誇る前に、値段の安さで呼びかける前に、
一つ一つの商品に、
あなたの実印を捺《お》して差上げたい。

【生涯の願い】

私の生涯の願いは、
タッタ一人でよい、
この店は、私にとってはだいじな店ですといってくださる、
お客という名の、友人をつくることです。

【商売の道】

今日死ぬという日、子供たちをあつめ、
おとうさんは立派な商人だったと、
この一言をいいのこせる、

美しい商売の道がある。

【商売というもの】

商売というものは——私はこう思う。
商人とお客が友人になるところから始まると。
あなたには希望がある。
店が小さいということは希望である。
未見《みけん》のお客の一人を、
今日、現実に、
あなたのお客にしよう。

【虹のかけ橋】

モット正直に、モット誠実に、
そして、親友に対する愛情で、
「お客」と呼ばれる、新しい友人を、おつくりなさい！
今日、一人でもよい。

誠実の限りをつくして、その友人を作らなければならない。
小売店経営というものは、あなたの友人を作る仕事。
商品というものは、あなたとお客とを結ぶ、
虹のかけ橋。

【今日の仕事は】
あなたの今日の仕事は、
タッタ一人でよい、この店に買いにきてよかったと、
満足して下さるお客さまを作ることです。
あなたの店があるおかげで、一人のお客さまが、
人生は愉《たの》しいと、知って下さることです。

【商人とお客と】
あなたのお店で、フト、子供の頃を想う。
そういうお店になろうよ！
あなたの今日の仕事は、

タッタ一人でもよい、あなたに「有難う！」と、
心からお礼をいいたいと思うお客を作ることである。
人と人とが、商人とお客とが、自分本位の利益なんか忘れてしまって、
相手に、相手の心に、何だかよくは解らないけれども、
温かいものを与え合おうとして、誠実をつくす。
その行《ぎょう》を「商売」だと、私は思う。

【生きる】

日本の商人に、今、一番必要なものは、組織でも技術でもない。
自分が消費者のための商人であるということを、知ることである。
そして自分が、消費者のために役立つ商人であるということを、知ることである。
自分の商業に対する信念と、商人として、死ぬ勇気を持つことである。
私は自分の職業を、今日が日まで誇りに思い得なかった、多くの商業者たちに、
期待する。
君たちが商人として、死ぬ勇気を持つことができるならば。

【我が商売の姿】
繁盛しようと思うことはない。
思うべきは、今日もまた人の心の美しさを、
我が商売の姿としたいことである。

『岡田徹詩集』より

紹介したい詩句はもっとたくさんあるが、ここまでにする。岡田徹については、また稿を新たにして別に書きたいと思っている。しかし、氏の言葉を読むと、この心こそ、われわれ日本人を真《まこと》に為してきたものだったと、読者の方々も気づかれるだろう。

しかし戦後、経済復興のための「かけ声」は、この心ではなかった。

たとえば電通四代目社長、吉田秀雄が作った「鬼十則」のようなものが、経営者の心の指針と信じられてきた。

曰く、「仕事とは、先手先手と働き掛けてゆくことで、受け身でやるものではない」「大きな仕事と取り組め。小さな仕事はおのれを小さくする」「周囲を引きずり回せ、引きずると引きずられるのとでは、永い間に天地の開きができる」「摩擦を恐れるな、摩擦は進歩の母、積極の肥料だ、でないと君は卑屈未練になる」など。岡田徹の心とは真

反対のものである。

日本の企業が、この心で邁進して、大きな経済発展を成し遂げたことは確かだが、私はあるとき、知人のアメリカ人から「今のままでは、日本は世界から叩かれるよ」と言われたことがある。この知人は禅に憧れて、日本の禅堂で修行していた人で、日本文化が大好きな女性だったが「心配で仕方ない」と言った。「和するこころ」より、他に勝つ心が優先されているように思われたからだ。

「今日は商人を美しい人として完成する日だ」と思うような心を、もう一度見出してゆく。もしだれにも具わってきた「和するこころ」を喜んでゆくような日が来るなら、日本人の未来は大いに期待できると思うが、どうであろうか。

つくし 年源

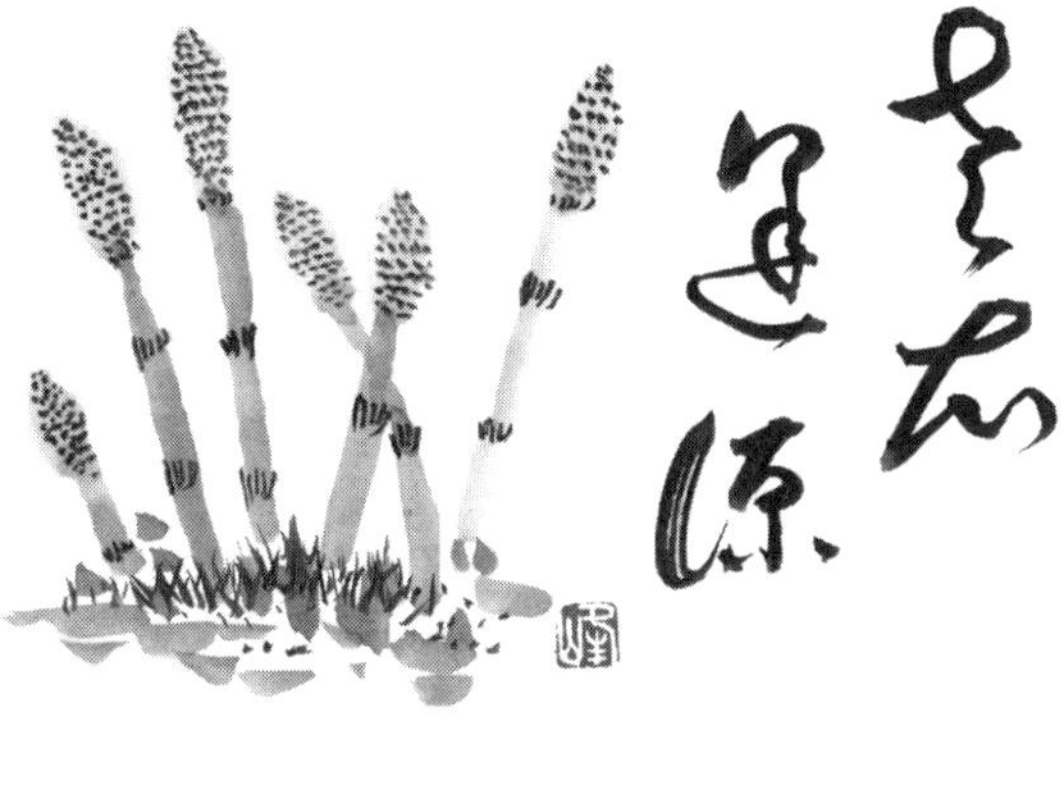

あとがき

山彦《やまびこ》（木霊《こだま》）は、山に向かって「ヤッホー」と呼ぶと、遠くの山や谷に反響した声が戻ってきて、「ヤッホー」と聞こえる状態をいう。声だけではなく、大きな音なら、同じように反響して戻ってくる。この状態、実は色んな場所で生じている。ボールを壁に打つと返ってくるように、音が響いてくるときは、たいてい何かに当たって反響しているることが多い。木を叩くと木を叩いた音が返ってくる。金《かね》を叩くと金を叩いた音が返ってくる。

光も音と同じように、何かに反射して場所を明るくしていることがある。実際の光と反射した光とが一緒になって、いっそう明るくされることもある。また光が木々の葉に当たると、反射して周囲が緑色に染められることもある。空の青色は、空自体の色ではなくて、太陽の光が地球の空気に反射した色である。

眼は相手に自分の眼の光を当てることで、その反射光を受けて見るのだという。人類が地球上に現れた始めのころは、まだ眼は光を他に当てるだけで、物をはっきりと識別することはできなかった。それが長い時間のなかでだんだん識別能力が発達して、現在のように見えるようになったという。脳力もそうだったという。始まりは他から返ってくる情報を曖昧に感じているだけだった。それがいつか明瞭に認識するようになっていった。

私はこの道理を「木霊理論《こだまりろん》」と呼んでいる。

音楽家のベートーヴェンは晩年に耳が聞こえなくなったが、楽団員の奏する音がタクトの先に反響するものを感じながら、指揮したという。「木霊理論」でなす演奏である。

われわれの心が外からの物を受けては、その物を認識しているのも、音や光と同じように他からの反作用を受けてのものである。だから、こちらの発し方が善いと善い状態で返ってくるし、発し方が悪いと悪い状態で返ってくる。音や光が返ってくる働きは無心である。無心だから、発したとおりに応じて返ってくる。人の心もほんとうはこれと同じで、無心に発しては無心に応じている。ただ応じたとたんに好悪や憎愛や是非の念を加えると、無心の対応にならなくなって、単なる個人的な私情の対応になってしまう。

無心に自他が応じ合っているところには、つねに生まれながらに具え持ってきた「和するこころ」が働いている。この事実を何とか伝えようとして、ここに長々と述べてきたものが、この書である。私のこの「木霊理論」に少しでも同感されるなら、その人はまた、全宇宙に存在する一切のものが、この理論によって在ることの妙《みょう》を見ることでしょう。

最後に、前書の『非ずのこころ』に続いて、エイチエス株式会社の斉藤和則氏に大変お世話になりました。改めて深謝申し上げます。

令和五年一月　無相庵にて

無一塵

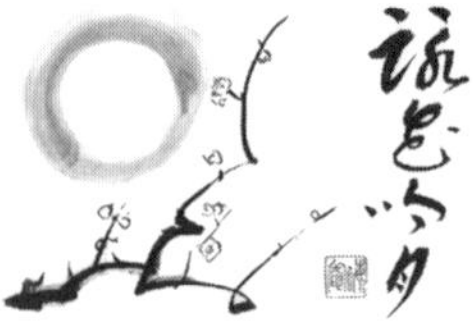
詠花吟月

明歴々

萬法一如

意《こころ》自ずから如《にょ》

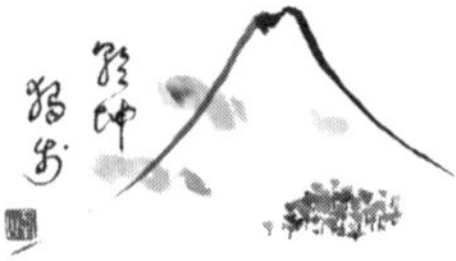
乾坤独歩

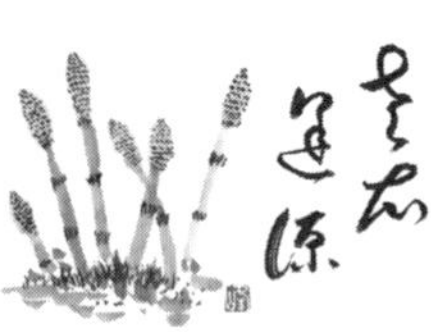
左右源に逢う

略歴

形山睡峰　かたやま　すいほう

昭和24年、岡山県柵原町（現美咲町）生れ。大学終了後、東京中野の高歩院住職・大森曹玄老師の下で出家得度。曹玄老師に嗣法の後、各所にて禅会を開催。昭和63年、茨城県出島村（現かすみがうら市）に菩提禅堂が建立され、堂主に就任。平成19年同市宍倉に無相庵を開創、今日に至る。

著書

『禅に問う』（大法輪閣刊）
『無心という生き方』（ベストブック刊）
『心が動く一日一話』（佼成出版社刊）
『禅と哲学のあいだ』（佼成出版社刊）
『非ずのこころ』（エイチエス刊）他

【和するこころ】

初刷 —— 二〇二三年四月一五日
著者 —— 形山睡峰
発行者 —— 斉藤隆幸
発行所 —— エイチエス株式会社　HS Co., LTD.
064-0822
札幌市中央区北2条西20丁目1-12佐々木ビル
phone : 011.792.7130　fax : 011.613.3700
e-mail : info@hs-prj.jp　URL : www.hs-prj.jp
印刷・製本 —— モリモト印刷株式会社
乱丁・落丁はお取替えします。

ISBN978-4-910595-07-8